女ともだち

桐ヶ谷まり

冬花社

女ともだち

カバー絵　著者

装幀　小沼宏之

目次

第一章　忘れ得ぬ人

三十五年も思い続けて

忘れられない人がいる。

恋人だった訳ではない。

恋人以上かもしれない。


外見からして一風変わっていて、言葉の選び方や立居振舞にもその人に特有の香りがあり、洋服の着方やお茶の飲み方にも、何か一貫した基準と好みが感じられて、ほかのだれかの真似なんか、決してしない。

人に気に入られるために自分を繕うことがないので、言葉には嘘も裏表もなく、見栄を張らないからいつもさわやか。

懐具合に関わりなく誇り高くて、こびへつらいも、人を見下しもしないが、困っている人や苦しんでいる人には常に優しい。

明るくて、温かくて、清潔で、器用で、工夫を凝らして何かを作り、ひとりで愉しみ、友だちが来れば見せて愉しむ。

つらい思い出を、問わず語りに語ることはあっても、問いただすと口をつぐんでしまうので、一言一句、聞きもらすまいと耳を傾けているうちに、その人が培ってきた強靭な精神の力がひしひしと伝わってきて、ひれ伏したくなる。

歳月が、喜びと悲しみを道連れにして、静かに通り過ぎていった、というふうな、人生の恵みの刻まれた横顔を、隣で眺めているだけで、心安まる思いがする。

そんな、途方もなく魅力的な人物に、これまで私は何度か出会った。

恋愛とも友情とも違う、師弟愛に近い、敬慕の念を、常に抱きながら、その人のようになりたくて、その人と対等に話し合える人間になりたくて、その人と会えない時期がどんなに長くても、へこたれたりはしなかった。

二〇一六年は、私には節目の年で、春、末の娘が大学に入学し、夏、長い間かかって書いた本ができあがり、秋には夫の七回忌を済ませ、私は六十歳になった。

六十年で干支が一巡するから還暦、と言うそうだが、私の平凡な人生も、ひととおりの宿題が終わったのである。

参考書の前半の、問題編を解き終えて、後半の、解答編に入ったような気分になった。

同時に、これから先、どんな難問が待ち受けていても、必ず解けると確信した。


その心境を、古い友人に電話をかけて話すと、ますます話したくなって、最も仲の良い男性の友人を招いて、七時間も飲みながら話し続け、それで大分、気は済んだはずなのに、酔いの回った頭の中に、また、酔いの醒めた静かな胸の内に、ぽっかり、浮かび上がったまま、消えない面影があった。


波平初。

なみひら、はつ、という名前の、沖縄は久米島出身の、昭和十八年生まれの女性。

ウエイトレス募集

一九七六年、三月。

東京都、豊島区、巣鴨駅前の、大通りを渡った繁華な所に、小さな店舗が軒を連ねるアーケードがあった。有名なとげ抜き地蔵の、ちょうど入り口に当たる。

一階が焼肉屋、二階が喫茶店になっている古い建物があって、その喫茶店へ上る階段の入り口に、丸い飾り電球に囲まれた小さな立て看板が出ていたが、ある日、通りすがりにその看板に「ウエイトレス募集」の張り紙がくっついているのを見つけた。

「ウエイトレス募集」は、一部はがれて、春風に揺れて、なびいている。

その風情に誘われて、急な階段を上って行くと、店内は思いのほか広くて明るく、陽射しが斜めに降り注ぎ、モーツァルトのピアノソナタが流れていた。

春休み中、ウエイトレスになりたい、と申し出ると、平日の朝限定の『モーニング・セット』を始めたところ客が増え、人手が足りないから、明日からでも働いてくれ、また、もし良かったら、春休みが終わっても、朝だけ来てほしい、とのことだった。

時給がいくらだったか覚えていない。

子どもの頃から早起きで、遅くとも五時には目を覚ましているので、大学の新学期が始まっても、早朝数時間働いてから登校すれば良い。大学まで急いで歩けば四十分。

五時じゃなくて、七時に来てね、と笑われて、その場で採用された。

家庭教師のアルバイトは、何軒も掛け持ちしていたが、それは全部夕方の仕事だったし、ウエイトレスになるのは初めてなので、ワクワクした。

翌朝、勇んで、急な階段を上って行った。

入り口の自動ドアが、私がその前で立ち止まるより先に、スーッと開くと、そこに女性がひとりいた。

ものすごい美女だった。

後にも先にも、あれほどの美女にお目にかかったことがない。

私は、あっけにとられた。

美女は、笑った。


「おはよ。新しい子?」

「おはようございます。」

すると、カウンターの中から、男の人の声が飛んできた。

「まりちゃんだっけ、きょうからよろしく頼むよ。」

「はいっ。」

「まりちゃん? 私、波平です。よろしくね。」

「まりちゃんはどこの人? 波平さんは、沖縄の出身なんだよー。」

「え、沖縄? 沖縄の、どちらですか?」

「久米島。」

その時初めて、クメジマの名を知った。沖縄が本土に復帰してから五年がたった頃。私は沖縄についてほとんど何も知らなかった。

「海がキレイなのよー。」

と、遠くを見るように目を細めた、その人こそ、ほれぼれするほどキレイだった。


秀でた額の細面。

形の良い、高い鼻。

柳眉。

浅黒くなめらかな肌。

くっきりとした二重瞼の下の黒く大きな瞳が、濡れたように輝き、長い睫毛が影を落として揺れている。

唇は小さいのに、作りもののようなふくらみを持ち、落ちついたピンクの口紅が、きちんと縁どりをして塗られていた。

笑うと、一本、右上の犬歯の横から八重歯があらわれる。

その八重歯が、完璧な美貌をくずして、親しみやすい雰囲気を醸し出していた。

あの時、カウンターの中の声が、

「波平さんは、琉球の王妃の末裔だよ。」

と告げたら、私はそれを信じただろう。


当時、波平初さんは三十三歳。

私は、はたちだった。


私たちは、たちまち意気投合。

喫茶店から歩いて二、三分のアパートでひとり暮らしをしていた彼女は、淋しがり屋だったのか、それとも、私のことを淋しがり屋だと思ったのか、こう言った。

「まりちゃん、いつでも、うちにおいで。」

私のきょうだいは、妹がひとりだけ。

私は波平さんを、お姉さん、と呼んで、三日にあげず、遊びに行った。

三部屋もある広いアパートは、いつ訪ねて行っても、どこもかしこも整然と片づけられ、拭き清められて、家具調度もピタ、と所を得て収まっていた。

テレビの横の柱の上に、極彩色の大きな帽子のようなものが飾られている。

「あれはなあに。」

「花笠。」

見回すと、黄色の地に赤や青や紫の草花の模様が描かれたタペストリーや花びん敷もあり、それらは、異国の匂いがした。


お姉さんは働き者で、絶えず立ち働いているので、玄関も居間もトイレもいつだってピカピカで、台所さえ汚れていたためしはなかったが、それは料理をしないからではなくて、一流の料理人の証であった。

ある日、いつものように、四畳半の下宿で本を読んでいると、だれかが私の名前を呼ぶ声が聞こえる。

私の下宿は、とげ抜き地蔵通りから一本入った袋小路の行き止まりの、古い二階の角部屋だった。

窓を開けると、お姉さんと、もうひとりのウエイトレス仲間の花枝ちゃんが、私を見上げて手を振っている。

「まりちゃん、お花見に行こうよ。」


三人連れ立って、地蔵通りを歩き、巣鴨駅を通り越して、文京区の六義園まで歩いた。

六義園は、桜が満開だった。

大きく枝を広げた木の下で、お姉さんが、風呂敷包みを解いた。紅型の花模様の風呂敷だった。三段重に、玉子焼、鶏の照焼、空豆、海老の鬼殻焼、青菜とゆかりのお結び、いちご、りんご、がぎっしり。

どれも、これも、みんなおいしい。

花枝ちゃんが魔法瓶に入れてきたお茶もおいしい。

私は食べて飲むだけで困ったなー、と思った時、お姉さんが笑った。

「おいしければ、それでいいの。」

全部平らげて、空になった三段重を、お姉さんは再び紅型の風呂敷で包むと、立ち上がって、そのあたりの桜の中で一番古そうな、大きな木の方に、茶色のスカートのすそを揺らしながら、ゆっくり歩いて行った。

幹の太い、ゴツゴツした老木で、ちょうど全部の花という花が開き切ったところで、遠い枝の先まで、みっしりと咲き、風はなく、花びら一片もこぼれない。

咲き満ちて、ほの暗い木の下に、お姉さんはひとり、立ち止まって桜を見上げている。

桜が、琉球の花に見えた。

もと銀座の夜の蝶

春休みが終わって、私は大学三年になり、朝はウエイトレス、昼は学生、夕方からは家庭教師に変身し、忙しいけれど、楽しく充実した毎日を過ごしていた。

そんなある日、だれかが、

「波平さんは、ついこの間まで、銀座の夜の蝶だったんでしょう?」

と言うのを聞いた時は、その華麗な経歴にびっくりした。

びっくりしつつも、不思議な気がした。

お姉さんには、ケバケバしさも、くずれた感じも、まったくなかったからである。

きっと、仕事と割り切って、ホステスに変身していただけだから、ホステスをやめれば、あっさりと、元の自分に戻ったのね、と勝手に考えた。

でも、それにしては、煙草のくゆらし方やハイヒールの足さばきが堂に入っていたし、呆れるほどの衣装持ちで、着こなしが、やけに垢抜けていて、靴とバッグが必ずお揃いのところなどは、素人離れしていた。


「お姉さん、どこで洋服を買うの？」

「すぐそこよ。紹介してあげようか。」

ウエイトレスの仕事の休憩時間に私たちは外へ出た。本当にすぐ近くの、歩いて一分の所に、『モード・ブン』というブティックがあった。経営者の名前が文枝さんで、皆からブンさんと呼ばれ、親しまれていた。

『モード・ブン』には、今思い返してみても、最高級の洋服が揃っていた。というのは、今ではお目にかかることもできないような、スイスやイタリアの最高の生地だけを使って日本で丁寧に仕立てた洋服が並んでいたのである。

スイスコットンの、ボイルとジャージイに同じ花模様をプリントしたアンサンブルは、Tシャツのような伸びの良い生地で作った袖無しの動き易いワンピースの上から、ガーゼ同様の透け感のある生地できちんと仕立てた上着を羽織るので、いかにも涼し気。

イタリア製の青と赤のツイードのシャネル風スーツも、同じ赤のニットのプルオーバーを合わせると、異素材が調和して、実にシックで、ココ・シャネルにも引けをとらない。

ベルトもボタンも、凝ったものが、服に合わせてそれぞれ作られていたから、一着一着の完成度が高く、そういう洋服を身にまとえば、だれでも、たちまち、良家の奥様風になった。

そして、そんな上等の服を普段から着ることができたのは、本物の良家の奥様か、良家の奥様になりたい人か、または、一流クラブのホステスだったのである。

私は、そのどれでもなかったが、何度もお店を覗きに行くうちに、私にも着られそうな一着をみつけた。

長袖の上着と袖なしのワンピースのアンサンブルで、白地に赤の大ぶりチェック。スイスコットン製で裏地つき、ベルトつきで、一年を通して着られるタイプ。

赤のチェックも、一辺が三センチくらいあり、よく見ると斜めにペンを走らせたような手描きの味わいのある線で、交差して色が濃くなる四角い部分にも白い斜がかかっている。

ワンピースの衿ぐりはスクエアで、白い縁取りが粋。

ブンさんにお取り置きをお願いして、何週間も働いて、その服を買った時の喜びを、今でも覚えている。

しかし、合わせる靴がなかった。

それでも、早速それを来てアルバイトに行き、お店に足を踏み入れた途端、

「あっ。」

と、先に来ていたお姉さんが叫んだ。

「あたしのと色違い。」

お姉さんは、黒と白のチェックだったが、色以外はまったく同じ。

私たちは、身長も体重もバストもウエストもヒップも、まったく同じサイズだった。

その日はふたりとも、お客さんたちに散々からかわれ、お姉さんは、午前中で仕事を切り上げて帰ってしまった。

おもしろくなかったらしい。

おそろいの服を着て喜んだのは私だけだった。

だが、嫌味や皮肉を言わないのが、お姉さんのいいところ。

その後、先輩として、私に色々教えてくれるようになり、次の週には靴屋に連れて行ってくれたのである。

なぜ、地蔵通りの靴屋に、イタリア直輸入の靴が置いてあったのかわからないが、カーフやキッドの素晴らしいハイヒールが並んでいて、年に二回、セールになる。

「来月には半額になるから、それまで取っといてくれるように、あたしが頼んだげる。」

お姉さんは、そう言って、何足か私に試し履きをさせ、店内を歩かせた。

「まりちゃんは、顔はイマイチだけど、足がキレイ。だから、必ず、ハイヒールを履きなさい。」

「ヒールは六センチ。」

「靴は水に濡らさないよう気をつけて、クリームでお手入れすれば十年位は履けるし、いい色になって足にも馴染んでくるの。」

「足に吸いつくような、やわらかな皮で、やっぱり色は黒ね。」

「足と靴が一体になるようにストッキングを履きなさい。ストッキングの色も黒。」

「真夏、黒のストッキングでは暑苦しく見えるような日は、グレーの網タイツ。」

「スカート丈は、ひざが隠れるギリギリのひざ下丈が一番足がキレイに見えるの。」

「女はね、どの段階で断わってもいいのよ。」

「プレゼントもらって悪いから断われないなんてこと、ないからね。自分の気持ちに正直にね。」

「ストッキングの透け感で、色気を調節しなさい。」

「コートはスカートより三センチ長く。」

「上等の黒のハイヒールを一足買って、大事に履き、余裕ができたら茶色のを買って、茶のストッキングか、テラコッタ（素焼きの植木鉢）の網タイツ。それで事足りる。」

「男の人には、恥をかかせないようにね。」

お雑煮

次の年の暮れ、お姉さんは、いつになく元気がなかった。

「お正月のたんびに帰る訳にもいかない。」

本当は久米島に帰りたいらしい。

私には、帰る家はなかった。

「まりちゃんも、巣鴨にいるの？　じゃあ、うちで一緒にお正月をしようね。」

何も気を使わなくていいから、というお姉さんの言葉を間に受けて、元日の朝十一時頃、お姉さんのアパートを訪ねた。

前日のおおみそかの夕方六時まで、喫茶店でふたりとも働いて、別れたばかりである。


「おめでとう。」

「おめでとうございます。」

「お節とお雑煮ができてるよ。」


いつの間にこしらえたのか、お花見に使ったのと同じ塗りの三段重に、手作りのお節がぎっしり詰まっている。

「煮豆はストーブの上にのせとくだけ。田作りは水あめを絡ませるだけ。だし巻き卵は焼いて丸めるだけ。かまぼこは切るだけ。」

「すごい。」

「ちゃんと作ったのは、筑前煮とお雑煮。同じ鳥肉を使うから同時に作れるよ。」

そのお雑煮の味を、私は今でも思い出すことができる。

縁をわずかにこがしてキツネ色に焼き上げた丸もち二枚の上に、薄切りの大根、人参、白菜、小松菜、さらにその上に、ゆずの飾り切りと三ツ葉の飾り結びをのせて、大きな塗りのお椀はピカピカに光っていた。

一口すすって、出汁の旨味に、しびれた。


「どうすれば、こういう味になるの？」

「昆布とかつを節で出汁をひく。」

「どうやって？」

「自分で工夫する。」

「教えて。」

やれやれ、という風にお姉さんは嘆息した。

「まりちゃんは何でもあたしに教えて教えてって言うけど、幼稚園じゃないんだから、自分で調べたり考えたりしなさい。」

「でも。」

「自分で工夫するから身につくの。だから教えない。いいから、黙って召し上がれ。」

何時間も食べて飲んでしゃべって、夕暮れまで、お姉さんと遊んで、帰り際、小さな包みを渡された。

スパムの缶詰が二個。

「アンマーが送ってきたの。まりちゃんにもあげるね。」

「アンマー?」

「お母さん。」

「え、私がいただいていいの?」

「そのままでもいいけど、野菜と一緒に炒めるとおいしいよ。」

「ありがとう」

手ぶらで来て、お土産をもらって帰る。お腹も胸もいっぱいだった。

人通りの少ない地蔵通りを歩いていたら、ありがたさに泣けてきた。

美人で料理上手なんて、最強だ!!

大学の偉い女の教授たちは、プライドが高く、口紅もささず、男勝りで、家事はやらない。

お姉さんは、中学までしか行ってないけど、おしゃれで、働き者で、優しくて、最高にカッコイイ。


あの人こそ、フルに女を生きている!!


突然、何かがわかりかけ、何かが固まった。

お正月の夕暮れに、願いがひとつ。

私も、あんなふうになりたい。


今になって、思い返してみると、私は、お姉さんに出会うまでは、田舎者で、ひねくれ者で、怠け者だったのである。

お姉さんを知って、目が覚めて、そこから本気になった。

女の花道

夜の銀座を舞台にした小説は多い。

松本清張、半村良、吉行淳之介。

直木賞作家で、作詞家としても一時代を築いた山口洋子さんは、クラブ『姫』のオーナーでもあり、夜の蝶と呼ばれたホステスたちの哀歓を、男性作家とは違った視点から鮮やかに描き、才能を見せつけた。

その山口洋子さんと、インドネシア大統領夫人となったデビ夫人が、ホステスの中の出世頭だろうか。

デビ夫人が、スカルノ大統領に見染められて、実際に大統領夫人におさまると、銀座の蝶たちは色めき立ち、玉の輿願望が高まると共に、自信をつけた。

実力のある男が、いい女を手っ取り早く捜したければ、夜の銀座へ繰り出せば、並みいる美女たちが待ち構えていたのである。


銀座は男の花道、と言われたが、女にとっても花道であった。

女優になったホステスも多い。

美貌と才覚と野心、その三拍子がそろえば、何も怖いものはなく、のしあがっていくことができる。はず。


「いいなー、そんなに美人で。そんなに美人って、どんな気持ち?」

と私が聞くと、

「あっちからもこっちからも声がかかって、どこ行っても、モテモテ。」

「有名人やお金持ちのお客さんに、プロポーズされたことないの?」

「あったよ、何度も。」

「ええっ、どうして結婚しなかったの」

「好きじゃない。」

「好きでなくてもいいんじゃないの？」

ジロリ、と、大きな目で、お姉さんは私をにらんだ。

「そんなことができれば、とっくに成金になってたよ。」


銀座にいた頃、しばしば、女優さんかと尋ねられたり、女優さんの誰それに間違えられたりしたそうだ。でも、その女優さんたちのだれひとりとして、お姉さんの足元にも及ばない。

「働けば生きていけるし、どんな狭いアパートだって、キレイにして暮らすもの。」


お姉さんに言い寄る男を、何人も見た。ホステスをやめても美人であることに変わりはなく、しかも気立てが良いのだから当然である。

常に、求愛者がまわりをウロウロしていた訳だが、一番よく見かける人が、どうやら本命らしく、お姉さんの居間の炬達に、御主人顔で座っている所に或る晩出くわした。

私は、遠慮するようになった。

どういう訳か、私は、詮索をしないたちで、お姉さんがだれとどう付き合おうと、それはお姉さんの自由だと思い、それ以上知ろうとはしなかった。

お姉さんは、私のそういう所を、もしかしたら気に入っていたのかもしれない。

だが、実は、お姉さんは、あまり体が丈夫ではなかった。

「子宮筋腫があって、子宮を取ったの。」

だから薬が手離せないし、月のさわりのあるたびに、ひどい出血で苦しんでいた。

もらい子してでも

「子どもを生めないの。でも、それでもいいって言ってくれる人と結婚して、もらい子すんの。」

雨が降ったら傘をさすの、みたいにあっけらかんと言うのである。

その頃、私は大学で児童学を学んでいた。

保育の重要性、児童福祉の問題、絵本や児童文学、猿の母子の飼育と観察、乳幼児期特有の病気、法律、人間関係、などなど、子どもにかかわる様々な課題に、多彩な教授陣が取り組み、実に楽しい学問の場になっていた。

児童学なんて、学問とは呼べない、と、古典的伝統的な専門分野からは揶揄する声も聞かれたが、児童学科の先生方は、とにかく基本的人権というものを尊重する方々だったので、反論に躍起になるでもなく、ただひたすら、子どものために、研鑽を積んでいた。

研究室で、ことばの治療室を開いていた田口恒夫先生は断言した。

「自分の子どもを育てるよりも大事な仕事なんかない。」

「アグネスが正しい。」

ちょうどアグネス論争が世を騒がせていた頃で、歌手のアグネス・チャンさんが、仕事場に、幼い我が子を連れて行ったのを、公私混同で非常識、と作家の林真理子さんが非難したのが始まりだった。

世は、女性解放運動（フェミニズム）真っ盛り、男尊女卑断固許すまじ、といった声が次第に大きくなった。

男女は平等に決まっている。
しかし、男女は異質である。
そのせめぎ合いと兼ね合いが難しい。

折りしも、エリザベート・バダンテール女史の、『プラス・ラブ』（ラムール・プリュス、直訳すれば、付え加えた愛）が、センセーションを巻き起こしていた。

エリザベート・バダンテールは、一九四四年生まれ、パリのエコール・ポリテークの哲学の教授で、心理学と社会学を修めた人だが、『プラス・ラブ』が世界中でベスト・セラーとなる。

フェミニズム歴史学の、今では古典となった『プラス・ラブ』は、『母性という神話』（ちくま文芸文庫）と邦題は改められたが、その内容は、原題が示す通り。

つまり、母性愛は、本能などではなくて、あとから、付け足した愛である——。

そう仮説を立て、十七世紀から二十世紀までのフランスにおける豊富な事例を分析し、母性愛神話を打ち砕いてみせた。


子ども嫌いの人、子どもを欲しいと思わない人、子どもの世話をしたくない人、にとっては、『プラス・ラブ』は格好の論拠となる。

だが、私が学んでいた頃の、大学の児童学科では、母性愛が本能ではないなんて、そんなことはないでしょう、という感想が大半だった、と思う。


そして、私はと言えば、実の母親からは年中、

「死んでしまえ」

と、ののしられる子どもだったので、母親が怖かった。

家の中で折檻を繰り返す母が、一歩外へ出れば、良い母親になりすますのが、不気味であり、

不可解だった。


七歳か八歳の雪の夜。

私は、傘をささずに庭に立たされていた。

何かの罰を受けていたのだと思う。

降りしきる雪は、地面にも屋根にも私の肩にも頭にも積もっていく。

垣根の外を、近所の人が通りかかった。

垣根越しに、私を見て驚き、その拍子に、おばさんがさしていた傘から、ドサ、と雪が滑り落ち、その傘で顔を隠して、おばさんは立ち去った。

見て見ぬふりをしたのである。

だれも助けてくれない、と思い知った。

大学で、田口恒夫先生から、

「二歳くらいまで母親の体にくっついて育った子どもは、根本的に安心しているので、それから先何があっても、大体、大丈夫。そこから先の教育なんかはあまり重要ではなくて、ものごころつくまでの、本人の記憶に残らない幼い頃の体を通しての安心感が、人生を左右する。」

と、教えていただいた時は、自分が、妹の誕生する四歳までは、溺愛されたことを思い出し、もし、田口理論が本当なら、私は大丈夫なはずだと考えた。ひねくれる必要も、親を恨む必要もない。人生の土台がきちんとできているのだから、安心して生きていけるだろう。

でも、まだ児童学を勉強中の身の上で、はたちそこそこだった私には、田口理論を本当に理解する力などない。


四歳から十八歳まで両親から虐待された過去をひきずりながら児童学を学び、アグネス論争に関心を寄せ、『プラス・ラブ』を読んでいるさなか、お姉さんの口から直接、

「もらい子すんの。」

という言葉を聞いて、母性とは何なのか、ますますわからなくなった。

こうなったら、自分で、母親になって、謎を解くしかない。

浴衣を着て行くからね

「まりちゃん、暇なら引越を、手伝って。」

「うん、いいよ。」

だれが引っ越すのかな、と考えながら、喫茶店のアルバイトが終わると、そのままお姉さんの後をついて行った。

お姉さんの部屋は、いつもと様子が違う。

「一時間でトラックが来るから、それまでに、洋服と食器をダンボールに詰めて。」

「うん。」

それ以外のものは、お姉さんがひとりで全部、分けたり包んだりしながら詰めている。

どうやら、あらかじめ準備をしておいたらしく、処分しなければならないものは、一つもなかった。

聞きたいことは、たくさんあったが、黙ってせっせと手を動かしていると、

「結婚したの。」

「ええっ。」

「これが住所。」

「あたしも結婚したい。」

「ふうん、そいじゃ、お見合する？」

「本当？」

「来月になったら、電話ちょうだい。」

「うん。」


まもなく、トラックが到着し、お姉さんはつむじ風のように去って行った。

連絡先を書いた紙切れ一枚、私に残して。

翌々月。

私は、銀座七丁目の、豊岩稲荷近くの中華料理店に出向いた。


三人が、私を待っていた。

お姉さんの御主人に会うのは、初めてだったが、御主人であることは明らかだった。お姉さんが、恥ずかしそうに、うれしそうに、ほほを赤く染めていたから。

五年間の、お姉さんとのつきあいの中で、あれほど幸せそうな様子は見たことがない。


御主人は、恰幅の良い、白髪の混じりはじめた四十代後半と思われる、温厚な紳士で、全然しゃべらない。

お姉さんは、いつにもましておめかしをして、輝くばかりに美しい。

「主人の友だちの○○さん、彫刻家。」

「○○です。」

「一人前になるまで修業してたから、三十九歳。芸大卒で、駒込に家をお持ちです。」

全然好みじゃなかった。

大体、十五歳も年上である。

「せっかくだけど。」

すぐ断わったが、お姉さんは気を悪くしたりはしなかった。


一年後、以前からの知り合いと結婚しようか、という話が持ち上がり、同時に条件の良い就職先も見つかりそうになった時、私はまっさきにお姉さんに相談した。

ところが、

「その人はダメ。」

私の話を黙って聞いてから、キッパリと、言い切った。

「その人は、絶対に、ダメ。本当に自分のことを大事に思ってくれているかどうか、見極めなくちゃ。その人は、ダメだからね。」

そこまで言われたので気が変わった。

「やめます。」

なぜその人がダメなのか、私にはわからなかった。お姉さんがダメだと言うからやめたのである。相手の男は怒ったが、私は平気だった。お姉さんの方が大事だった。

そのまた一年後。

逗子の人からプロポーズされて、私は、そこに行こうと決めた。

お姉さんに報告すると、

「そう。」

と言ったきり、どんな人かとも尋ねない。

年齢も職業も、なんにも聞こうとしない。

ひどく、うれしそうだった。

「まりちゃん、落ちついたら連絡して。花火大会に招んでくれたら、浴衣着て行くからね。」

第二章　宿借り

久米島へ

二〇一〇年、十月一日、膵臓ガンのため、夫が六十三年の生涯を閉じた時、私は五十四歳だった。

「つまんない」

と言えば、いつでも抱き締めてくれた人がいなくなった淋しさはたとえようもなかったが、その後、三人の子どもや犬や鳥、そして友人たちと、音楽と、映画と、花や風や海になぐさめられ、励まされて、六十歳を迎えることができた。

三十年も、夫と仲良くして、三人も、子どもを育てて、本当に幸せだったと、お姉さんに報告したかった。

報告しなければ、と思った。

あたしは子どもができないと、知ってるくせに——などと、そんなふうなことを言う人ではないと、よくわかっていた。

自分というものの輪郭が明確で、それがぼやけることも、そこからはみ出ることもなかった。

人と自分とを引き比べることも、見上げることも見下すこともしなかった。

大体、人の悪口も、一切言わない人だった。

言葉も心も、あたたかかった。

人が幸せなら、一緒に喜ぶ人だった。

だから、逗子に嫁いで、本当に、本当に、楽しかったの、と、ひとこと、お姉さんに御礼の気持ちを伝えたかった。

「三人も育てて、エライネー。」

と言ってくれるだろう。

「忙しい時なんか、電話をくれれば、手伝いに行ってあげたのに。」

と言ってくれるだろう。

「まりちゃんは、お母さんになれて、ヨカッタネー。」

と言ってくれるだろう。

それほどかけがえのない女ともだちから渡された、連絡先を記した一枚のメモ用紙を、私は、自分の引越しの際に、なくしてしまった。

お財布に入れたり、手帳の内ポケットにはさんだり、いやいやこんな所に入れておいてどっかにいっちゃったら大変だから、一番好きな本の中に閉じこめておこう、それとも香水瓶と一緒にハンカチでくるんで、枕の下に隠しておこうか、絶対になくさないためには毎日使う化粧ポーチの中に忍ばせておくべきかも……

なぜ、どこかに書き写しておかなかったのだろう。


逗子の住人になった日、その一枚の紙切れは消え失せた。


それでも、三十年の間には、何度も、お姉さんを捜そうと試みた。

モード・ブンをはじめとして、巣鴨の知人の何人かに尋ねたり、久米島町役場に電話をかけたり、問い合わせの手紙を出したり。

所在のわからないまま、時は流れ、しかし、私は、決して、お姉さんを忘れなかった。

生来、人づきあいが苦手で、誘われてもまず集まりに参加することはなく、会いたいと言われると逃げ回る方で、自分から人に会いに行くことはほとんどない。

でも、お姉さんにだけは会いたかった。

三十年ぶりに会ったら、お姉さんがどんなふうに喜んでくれるか、あの大きな瞳をうるませて、八重歯をのぞかせ、

「まったく、もう、この子は、今までどうしてたの。」

と、笑うに決まってる。

二〇一六年の二月、何気なく朝刊を開けると、テレビ番組欄に、久米島、の文字がある。

「久米島赤鶏」

ドキドキした。

私は鳥が大好きで、家の前の川で毎日のようにかわせみとかる鴨ウオッチングを楽しみ、庭では二十年以上、フランス鴨を飼っている。

フランス鴨は、別名バーバリーともバリケンとも呼ばれ、フランス料理の鴨のテリーヌの材料だが、人なつこく、暑さ寒さに強く、大声で鳴くようなこともないので飼い易い。

長女が小学生の頃、うさぎを飼っていて、そのうさぎが死んだ時にあまりにも嘆き悲しむのを見ていられず、大学を退官した田口恒夫先生を栃木県の寒村まで訪ねて行った折、お庭を歩いていたフランス鴨に一目惚れしてヒナをいただいたのだった。

我が恩師・田口恒夫先生は、『パーマカルチャー』（ビル・モリソン著／豊文協）の訳者のひとりでもあり、自然に逆らわない、循環型で持続可能な農業を、その頃から模索し、実践していた。

番組を見て驚いた。

久米島で、久米島赤鶏牧場を経営している山城昌泉氏も、久米島の自然を大切にして、湧き水を鳥に与え、泡盛を作ると残る酒粕をエサに混ぜて食べさせている。

田口先生が、

「近くのビール工場に行って、ビールを作る時に出る麦の粕をもらってきて、フランス鴨に食べさせているんだよ。向こうも、捨てるのにお金がかかるから、トラックでもらいにいくと喜んで、タダでくれるんだよ。」

とおっしゃったのを思い出した。

山城昌泉氏は、はからずも、秀れたパーマカルチャーの実践者だったのである。

そのお仕事ぶりの誠実さにも感心し、ふと、思いついた。

この人なら、きっと、お姉さんを捜してくれるに違いない。

この人に、頼んでみよう。

山城昌泉氏は三十代。お友だちのミッチーさんと共に、地元のラジオ局『ＦＭくめじま』のパーソナリティとして活躍もしているらしい。ＦＭくめじまでは、ワイファイシステムを導入したとか。

それなら島全体をくまなく探せるではないか。


手ががりは、一枚の写真。

いつだったか、炬達にあたりながら、お姉さんがアルバムを開いて見せてくれたことがあった。


ホステスのお友だち数名と、南太平洋に浮かぶ、ボラボラ島に旅行した時のスナップは、エメラルドグリーンの海に、小さなコテージが水に浮かんでいるみたいに遠くまで点々と続いている。

「素敵。」

「水上ヴィラ。キレイだったよー。」

「あっ。」

お姉さんが、一糸まとわぬ姿で、足を組んで、トロピカルドリンクのグラスを掲げて胸を隠し、デッキチェアに寝そべっている。

「開放感があったからねー。」

「だれが撮ったの。」

「友だち。その子も裸だったの。」

「みんな裸だったの？」

「何バカなこと言ってんの。」

「この写真ちょうだい。」

「それはダメ。」

「じゃ、ほかの、いらないのをください。」

「じゃあ、これをあげる。」

アルバムをめくって、終しまいの方のページから一枚、ビニールをめくって抜き取り、私の掌にのせてくれた。


「これどこ？」

「栗林公園。」

それは、晩秋の風景だった。

ひんやりとした色の、池に張り出した縁側の一番隅っこの所に正座して、お姉さんはひとり、両手をそろえてひざの上で重ねている。

暖かそうな、チェックのウールのジャケットに、赤いマフラーを巻き、白いニット帽をかぶっていた。

木立は枯れ、池の水面にさざ波が細かく幾重にも寄せている。

「ありがとう、大事にします。」

私は、長い間大切にしていたその写真をコピーし、コピーした方を便箋に貼って、その横にお姉さんについて私の知る限りの情報と、どうしても会いたい旨を書いて、ＦＭくめじまの山城さんあてに郵送した。


数日後。

「山城です。久米島からかけてます。ひとつお聞きしたいのですが、波平というのは、結婚前のお名前でしょうか？」

頭に血がのぼった。

「結婚前のお名前です。」

「波平、というのは、儀間にしかない名字です。儀間は、久米島の漁村なんですが。昔は、儀間に四軒、波平という家がありました。今は、もう、一軒もありません。でも、この写真の波平さんと、同じ位の年の女の人が知り合いにいるので、その人に聞いてみますね。」

「よろしくお願いします。」


また数日後。

「山城です。波平さんを知っている人が、ここにいるので、電話、替わりますね。」

「はい。」

お姉さん本人か、と思った。

聞き覚えのある声が聞こえてくるのを待った。

「もしもし。」

「もしもし。」

「私、幸地と申します。」

「桐ヶ谷です。」

「波平さんを知ってました。」

「はい。」

「みんなで、卒業文集を見て、確かめました。送っていただいた写真も見て、間違いないと思います。」

「ありがとうございます。」

「びっくりしないでくださいね。」

「はい。」

「波平さんは亡くなりました。」

「亡くなった。」

「もう、ずいぶん前、二十年位前に、病気だったと思います。」

「そんなに前。」

「お兄さんが、三線の有名な人でした。」

「え、何というお名前か御存知ですか？」

「憲広さん。」

「お兄さんはお元気なのでしょうか？」

「お兄さんも亡くなりましたが、お嫁さんが、本島でお琴の先生をしています。」

「そうでしたか、ご親切に、ありがとうございました。」

「いいえ、山城さんと替わりますね。」

「はい。」

「もしもし。」

「はい。」

「残念でしたね。」

「はい。」

「でも、波平さんの家は、今でもあります。お墓も久米島にあります。お兄さんの歌碑もあります。」

「歌碑？」

「憲広さんの功績を讃える石碑です。」

「それは、だれでも見学できますか？」

「だれでも見学できます。道に、建っているので。久米島に来てください。波平さんの家にも案内します。」

「山城さん、ありがとう、色々調べてくださって。おかげで、助かりました。長い間気になっていた波平さんの消息がわかって、ほっとしました。感謝します。本当にありがとうございました。」

亡くなっていた……

五十ちょっと過ぎ位で、この世を去っていた。あんなに鮮やかに生きていた人が、もういない。なぜ、そんなに早く。

二十年も前に亡くなっていたなんて。

次女が生まれた頃だ、自分の生活で手一杯だった、仕方ない。

五十ちょっとということは、美人のままで亡くなったのだ、若く、キレイなままで。

家もお墓もある。

お兄さんの功績を讃える歌碑があるって？

涙が、あとからあとからあふれて来たのは、もうお姉さんがこの世にいないと、もう二度と会うことはかなわないのだと、私がうかつだったせいでもう取り返しはつかないのだと、思い知った、あとだった。

久米島に行かなければならない。

遺跡巡礼

二〇一六年、十月七日、朝七時に家を出て、羽田から那覇まで二時間半、那覇で小型機に乗り換えて四十分位で久米島空港に到着、タクシーでホテルに辿り着いた時には夕方の四時を回っていた。

乗り物酔いをするたちで、乗り換えるたびに三十分休まなければ、次に進むことができないが、ひとり旅の気楽さで、ゆっくり、休み休み、久米島を目指した。

これまで旅行嫌いで、家から出ないで過ごしてきたのが嘘のよう。旅行嫌いなのではなく、乗り物に弱いだけで、本当は、家庭が大切で、しがみついていただけだったのだ。

必要最小限の身の回りの品をキャリーに詰めれば、もう、世界中どこへでも行けるような気がした。

用事のない限り口を開かないから、少しも疲れない。ひとりって、最高。

沖縄の海の色に青く染まって、元に戻れなくなっても構やしない。

ゆっくりお風呂に入って、旅の疲れを洗い流し、次女が作って持たせてくれた、栗のマドレーヌをふたつ食べて、オリオンビールを一缶飲み干すと、眠くなった。

こんこんと眠り続けること十時間。

朝焼けの光がカーテンの隙間から差し込んで、目が醒めた。

ホテルは、島の東側に位置していて、どの部屋もオーシャン・ビューになるよう、長い白い砂浜に沿って建てられている。

視界の左端から右端まで、海はエメラルドグリーンとマリンブルーのグラデーション。

その上の空は、一面、バラ色の朝日に輝いている。


この島でお姉さんは生まれた。

この島で、人となった。

今はこの島に眠っている。

その時、どこかで、お姉さんが、

「まりちゃんは、もっと早く来ればいいのに。」

と笑った気がした。

「うちに泊めてあげるよ。久米島はハブがいるけど、どこにでも私がついて行ってあげるから大丈夫よ。」

と、昔々、言ってくれたのに。

久米島は、沖縄本島から西方に、およそ百キロ離れた東シナ海に浮かぶ島で、沖縄県では四番目に大きい島。

人口は、約八千四百人。

標高三百メートルを越える山を持ち、その山肌は赤い。赤い土は、琉球王朝時代に築かれた首里城を、深く美しい赤色で彩るために塗料として用いられた。

古来、米どころとして知られてきた豊かな島で水質が良い。琉球松の並木が目を引く。

島の人々は親切で、百十年前、硫黄島が噴火による災害に見舞われた時、他の島が受け入れを拒むなか、ただ久米島だけが受け入れを承知。

一家族あたり平均百坪の土地と家を用意して、硫黄島の全島民約六百人を迎え入れたという。

最近では、東日本大震災で被災した、福島の子どもを招くプロジェクトの保養地になって、子どもたちを喜ばせた。

久米島の人は優しい。

翌日からひしひしと感じることになった。


折りしも、大型の台風が久米島を通過した直後だった。

ホテルの中は砂だらけ。

サトウキビ畑は、見渡す限りなぎ倒されて、全部斜めになっている。

ホテルのスタッフは、素足で、デッキブラシを使ってせっせと砂を掃き出し、プールサイドの破れたビニールシートを新しいのと取り換えている。

フロントでタクシーを一台お願いすると、サトウキビ畑の中の一本道を、斜めに倒れて折り重なったサトウキビをかき分けるようにして、タクシーが走ってきた。


「おはようございます。」

「おはようございます。」

「お客さん手ブラだねー、何しに久米島に来たの？」

「昔お世話になった人を訪ねて来たの。」

「なんて人？」

「波平さん。もう亡くなったけど。」

「波平憲広さんなら、歌碑があるさー。」

「それよ！」


波平憲広氏と初が生まれた儀間の村を、はるかに見下ろす高台の、道の端に、大きな石で作った歌碑があった。

表は、平らに磨いて、そこに、波平憲広氏の功績を記す文章が刻まれ、裏は、おそらく憲広氏の文字で、『阿良岳節』の一節が彫られている。

歌碑の脇から見える儀間の村は、漁村らしく寄り集まって集落となり、入り江を囲み、防波堤がコの字型に長く伸びて、海の色を淡くぼかし、その内側は、さらに薄い水色がたゆたい、自然にできたと思われる砂洲が、ゆるやかに沖へとカーブを描き、白い波頭を誘って、さざ波が幾重にも折り重なって輝きながら行きつ戻りつしている。

その光景に、しばし見とれた。

「所々、読めないかもしれんから、写真を撮るかねー。」

「そうね。」

だが、大体は読み取れた。

大意は次のようになる。

波平憲広顕彰碑

昭和十六年二月二十八日、波平憲広氏は、仲里村儀間に生まれた。父親の憲晋氏が、古典民謡の師匠だったので、長男の憲広氏もごく自然に同じ道を進むようになる。

久米島には、古くから伝わる民謡が数多く残されていたが、譜面はなく、親から子へ、子から孫へと伝承されていた。

憲広氏は、それを一軒一軒訪ね歩いて、聞き取りを重ねては譜面に書き起こし、何年もかかって、辛抱強く収集して回った。

それはすべて、お琴の名手であるエミ子夫人と、二人三脚で成し遂げた偉業であった。

また、憲広氏は、三線奏者として秀れていたのみならず、天性の美声に恵まれた歌い手でもあって、採譜した楽曲を自分で演奏し、さらに、創作にも取り組んだ。

平成十二年に発刊した『久米島の民謡と波平憲広創作集』は、その集大成である。

誰も手をつけなかった分野に道を開き、久米島の伝統音楽を掘り起こし、現代に再現し、さらに新しい命を吹き込み、未来へと継承させる活動に専念してきた、氏の功績を讃え、ここに顕彰の碑を建立する。


その横に、楽曲の題名が、上下、二種類に分けて記されていた。

出自を確認して採譜・復活させた曲と、創作民謡である。

「阿良岳節」の歌詞が四番まで彫られているのは、これが氏の代表作だからであろう。

「久米島の教育委員会が建てたさー。」

「偉い人だったのね。」

「人柄も立派だったさー。」

この兄ありて、あの妹ありき。

「お墓もすぐそこさー。」

「連れてって。」

波平家の墓は、舗装された道路沿いにあった。

大きな石造りの堂々としたお墓で、そこからも海が見える。向かいにそびえる琉球松が涼しい木陰を作っている。

お墓の手前の右側に、大きな自然の石を縦長に台にのせた碑が立っていて、『師匠波平憲晋之碑』と刻まれている。

「憲広さんのお父さんさー。」

「お父様も偉い人だったの？」

「オレは知らないけど、きっと、お弟子さんたちが建てたんだな、この石碑は。」


初の名前は見当たらない。

でも、お姉さんのお墓は、間違いなく、ここだ。

お花もお線香も用意して来なくて、ごめんなさい、お姉さん。私、久米島まで来ましたよ。

お父様もお兄様も立派な方だったんですね。

波平家の方々の御冥福を、つつしんで、心より、お祈り申し上げます。

私は、墓前で手を合わせた。


「波平さんの家もあるさー。」

「どうして知ってるの？」

「狭い島だし、オレはタクシーの運転手さー。」

「そこ連れてって。」

コンクリートの二階建の、端正な大きい家で、広い庭には高木が何本も繁り、住み心地のよさそうな所だった。

「憲広さんの家族が住んでた家さー。」

「妹さんもここに住んでいたの?」

「うーん、お母さんがここに住んでたから、きっとその妹さんもここにいたと思うけど、オレ、その妹さんを知らないからさー。」

「すごい美人だったのよ。」

「残念だなー。」

「この家を建てる前は、どこにいたのかしら。」

「ここさー。」

「なぜわかるの。」

「久米島の人は、土地を買ったりしないからさー。ずーっと同じ所に住んで、その家が古くなってどうにもならなくなったら、それを壊して、また同じ所に家を建てる。」


感心した。

土地とは本来そういうものかもしれない。

三十五年ローンを組んで買ったりするものではなくて、魂と共に先祖から受け継ぐもの。

「今はアパートになってるさー。」

「だれが住んでいるの？」

「わからないなあ。」

「そりゃそうよね。」

私たちは、顔を見合わせて笑った。

「これで全部だなあ。」

「ありがとう。おかげさまで、全部見られたわ。助かりました。」

こうして、久米島に着いた次の日の午前中には、お姉さんにゆかりのある場所を全部回ることができたのである。

久米島ブラック

久米島には、久米島紬がある。

紬は、日本が世界に誇る織物だが、その始まりは、久米島紬と言われている。十五世紀後半、久米島に中国からの船が漂着した。その船に乗っていた中国人と親しくなった、堂の比屋という人物が、自ら中国に渡って養蚕を学び、その技術を島に持ち帰る。

久米島には、染料となる草や木が自生しており、泉の泥には鉄分が多く含まれていたので、島の恵みを利用して、絹の糸を染める工夫が重ねられ、独特の色と艶を持つ、魅力的な紬ができあがった。

一六六〇年頃から一九〇〇年位まで、つまり、江戸時代から明治三十年代までのおよそ二百五十年の間は、米の代わりに、税として納めていた。

次の日、ユイマール館を訪ねた。

ユイマール館は久米島紬の共同作業所で、久米島紬のすべてをここで見学・体験できる。

展示資料館、絣括り作業所、染色作業所、機織り作業所、そして一階は体験交流施設で二階は織場見学できる大きな本館があり、裏手には、ヤマモモ・ゲットウ・クルボー・ティカチなど、染めの材料となる植物が植えられている。

蚕を飼ってまゆから作り、糸を紡ぎ、島の植物を使って、黄色から茶色までの微妙で奥床しい色に染める訳だが、一日に六回も七回も冷染を行ない、それを二週間も続けるというのだから驚く。

染色が終わると、泥を使って媒染。

媒染とは、染料が落ちないように、鉄分を多く含む泥で、糸にしっかり色を染み込ませること。

好みの黒褐色になるまで、充分に、染と媒染を繰り返す。

元々、紬の糸は、太さが均一ではないので、そのデコボコを生かして、いかにも手作りの良さの感じられる、あたたかみのある織物になる。そこに、さらに、丹念に丹念に色を入れていくので、茶色の奥に黒の見え隠れするような、濃い、焦げ茶になる。

最後に、艶出し。

作業の工程のいちばん終しまいは、「キヌタ打ち」と言って、織り上げた反物を、幾重にも折り畳み、それを木綿の布で包み、台の上に置き、杵で、何度も何度も叩く。

すると、織目がそろっていき、同時に、光沢も増していくそうだ。

こうして出来上がったのが久米島ブラック。

高価なのは当然だと思った。いつか、着てみたいな。

久米島紬は、昭和五十年、通商産業大臣から伝統工芸品に指定され、その二年後、県の無形文化財になり、平成十六年には、国から重要文化財に指定された。

ユイマールの「ユイ」は、共同の、とか、みんなの、という意味で、ユイマール館は、久米島紬の振興を支えるための、目印みたいな所。

久米島生まれ、久米島育ちの職人も多いが、都会から、単身、久米島紬の織り手になるために渡ってきた若い女の子たちの養成所でもあり、人材の年令も出身地も巾広い。

ふと、知り合いの、学校に行かない女の子たちの顔を思い出した。

小学校や中学校でいじめられて、登校できなくなって、家にひきこもれば、今度は、親にいじめられる。

親は、いじめているとは思っていない。

何とかして一日も早くこの子を学校へ戻し、あわよくば一流大学に入れ、世間の鼻を明かしてやりたいと思っている。

子どもの心より、自分の虚栄心の方が大事だから、世間などという実体なき幻影と戦って、勝とうと企む。それを、さも、あなたのためよ、と恩に着せ、人間性を無視した愚かな企みを、お為ごかしにすり替える。

子どもは、そのからくりを見抜いている。

見抜きながらも、子どもらしい優しさで、見て見ぬふりをして、自分が悪いからだ、と自分を責めて苦しみ抜いて、どこにも逃げ道がなければ、死ぬしかなくなる。

学校なんか、行かなくてもいいよ、一緒に家で遊んで暮らそう、そのうちに、きっと、好きな仕事が見つかるよ、と、なぜ言ってやらないのか。家で一緒に料理に励めば、そこからたくさんの楽しみが開けるのに。

学校へ行けなくなったのに、親にいじめられている子は、久米島においで。

農業も漁業も盛んで、海洋深層水を汲み上げて利用する新しい事業も始まったから、働く所はきっと、見つかるよ。

それに、何てったって久米島紬。

紡いだり、染めたり、干したり、織ったり、叩いたり、といった作業はとてもおもしろい。

久米島紬は、全工程をひとりの人間がやらなければならない、と決められている。

図案も、鳥や大工さんの使う金尺の模様など、およそ六十種類の中から選ぶことになっている。

だから、伝統を学び、伝統を守り、技術を磨く。

その繰り返しの中から、自分の作風を編み出して作品を完成させるのは、生涯をかけての修行であろう。やり甲斐のないはずがない。

久米島ブラックの持つ色香の、本当の凄味は、人生を深く生きようとする人にしかわからないし、似合わない。

「花火大会に招んでくれれば、浴衣を着て行くからね。」

と、最後に聞いたお姉さんの声が耳に蘇る。

その浴衣とは、もしかしたら、久米島ブラックだったのかもしれない。

久米島の女

ユイマール館を訪れた日は、ちょうど夕方からイベントが開かれる日だった。

広い会場に、久米島紬が沢山、丸められて整然と並べられ、所々には、暖簾のように長く、垂れ下がっている。

あの複雑で丁寧な沢山の工程を経て、無事検査に合格した作品が、商品となって、お澄まし顔で、買い手を待っていた。

ベージュや茶色や白地の久米島紬もある。

ブラックだけではないらしい。白地のものはさわやかで涼しそう。

その中に、ひときわ目を引く、ひどく勝ち気な作品があった。

焦げ茶色の地に、ベージュの線で、金尺の直角模様が繰り返され、その隙間に、十字、そして飛ぶ鳥の紋様が組み込まれている。

モダンでかわいらしく、照りが強い。

反物全体が発光しているかのようだ。

見とれていたら、係の女の人が近づいてきて触わらせてくれた。

しなやかで、したたかな、絹のきしみ。


「クジリゴーシ（くずれた格子）、バンジョー（大工さんが使う曲尺）、トウイグワー（飛ぶ鳥）を組み合わせた、典型的な久米島紬の図柄です。この作者は、久米島紬の第一人者で、美智子様に作品を献上したこともあるんですよ。」

「全盲の人と結婚して、彼女が、紬の腕でお子さんたちを大学まで行かせたんです。」

「それなのに、苦労を苦労とも思わない方で、先日お会いした時、主人は目が見えないから、今でも私を美人だって、思い込んでるの、良かったよー、もし目が見えたら、がっかりするからさー、って、笑ってました。」


涙が出そうになった。

何という女っぷりの良さ！

盲目の男性の手足となって、愛し合い、子どもを育て、その愛を第一級の作品として結実させて、美智子様に選ばれるまでになって、そうして、全部の苦労を笑い飛ばしてしまうなんて。

「私も、初めて彼女に会った時、抱き合って泣いちゃいました。」

改めてよく見ると、そう言う彼女も、華やかな笑顔の美人で、宜野湾市で「秋風」という和ギャラリーを経営しているそうだ。「秋風」というのは、お名前の玉城千秋から一字とったのかな。いつか久米島紬を買える時が来たら、この人から買おう。

久米島生まれだという彼女が言った。

「久米島の女は凄いです。」

初が娘を育ててくれた

ホテルに戻ってみると、フロントの向かいのメインダイニングの入り口に立て札が出ていた。

「本日のディナー」
　久米島赤鶏のタタキ
　久米島産野菜のグリル
　久米島海洋深層水育ちの海ぶどう
　久米島近海でとれた夜光貝のお造り
　久米島で養殖した車海老の塩焼き
　イラブチャーのマース煮
　島豆腐ともずくの酢のもの

フルーツ
お好みで久米仙

久米仙は久米島の泡盛。メニューを眺めただけでヨダレが出てきた。


部屋でシャワーを浴びて着換え、メインダイニングに降りて行ったら、客は私ひとり。

平日の夜の、まだ早い時刻だった。

一番隅の席をひとり占め。

ガラス一枚隔てた向こうにプール、プールの向こうは砂浜。

日が暮れても、まだ明るい緑の海が、左から右まで、ゆったりと揺れている。

久米仙をおかわりしたので私の頭も揺れている。

久米島赤鶏は、身が引き締まり、こくがある。こんな美味な鳥肉は初めて食べた。夜光貝は、甘く、柔かく、あわびに似ていてあわびよりも上等。

久米仙の三杯目。

音楽が流れ始めた。ビートルズのギターのソロ。イエスタデイ。ガール。ヒア・ゼア・エブリホエア。高音部でギターの弦を引っかかったようにかき鳴らす所がたまらない。三半器管に、しっかり録音しておこう。

すっかり良い気分になって、部屋に戻り、ベッドに身を投げた途端に携帯電話が鳴った。

「はい。」

「桐ヶ谷さん？　私、波平エミ子です。」

私は、はね起きて、ベッドの上に正座した。波平憲広夫人・初の義理の姉ではないか。

「今、どこにいますか？」

「久米島です。」

「あー、私は先週、久米島に行ったんだけど、もう帰って来ちゃって。」

「お宅はどちらですか?」

「宜野湾市。」

「お琴の先生と伺いましたが。」

「そうですよ。」

「きのう、御主人様の歌碑を拝見しました。お墓も。」

「あ、そう、良かった、わかりましたか?」

「はい、立派な歌碑でした。」

「あなた、初のお友だち?」

「そうです、昔、お世話になりました。」

「初にお世話になったっていう人、今でも多いの。よく言われるの。」

「世話好きで、面度見がよくって、私、東京にいた時、本当に良くしていただきました。」

「そうでしたか。私の娘も、初が育ててくれたんですよ。」

「え? お嬢様を?」

「ええ、私のひとり娘をね、初が面倒見てくれて育ててくれたんですよ、初からみたら、姪に当たります。」

この一言を聞くために、久米島に来たのだ。

「初さんは、子どもが好きなのに子どもができないから、もらい子するんだって、若い頃おっしゃってました。だから、お嬢様を育てることができて、本望だったと思います。」

「みんな、そう言うの。」

「だれが見てもうれしそうに、いそいそと世話を焼いていたんですね。」

「そうなの。」

「よかった。私うれしいです。」

「私もうれしいですよ、初のことをそんなに思ってくれる人がいて。」

「大好きでした。」

「あなた、いつまで沖縄に？」

「久米島にあと三日います。それから那覇に一泊するので、もしよかったら、ホテルにいらっしゃいませんか、夕食をごちそうしたいので。」

エミ子さんは遠慮したが、昔々お姉さんに散々ごちそうになった、せめてもの御礼をしたかったので、何とか約束をとりつけた。

電話を切ったら泣けてきた。


お姉さんの願いはかなったのだ。

よかった。

よかった。

もらい子すんの、と笑った顔を思い出した。どんなに喜々として赤ちゃんを抱っこしたことか。周囲の人の目にも幸せに映るほど、せっせと面倒をみたのだろう。

決して、不幸な人生ではなかった。大体、あんな素晴らしい人が、不幸なはずはない。

よかった。

よかった。

長い間、心にかかえてきた宿題に、思いもかけなかった答えが出た。

ふと、母性愛とは何なのか、わかりかけた気がした。

久米島赤鶏牧場

翌朝、山城昌泉氏に会いに、久米島赤鶏牧場を訪ねた。

牧場は広大で、一万二千坪もあるという。

赤鶏だけではなく、牛もヤギも飼っている。牛は売るため、ヤギは食べるため。

事務所の前で若い女性がひとり、にこにこしている。

「妻を紹介します」というメールをいただいていたから、きっと奥様だ、と思い、うれしくなる。

お姉さんの消息を探り当ててくれた恩人は、この広い牧場のどこにいるのかしらん。

山城さんが現れた。

テレビで拝見した通りの好青年で、つい先日、入籍したばかりの奥様と、来月、披露宴を開くのだとか。

赤鶏牧場の後継者が伴侶を得た、もっともおめでたい時に、私は居合わせたらしい。

胸が熱くなる。


ほとんどひとりで、月産一千羽の赤鶏の世話をして、お忙しいはずの山城さんは、仕事の手を休め、事務所の中に私を招じ入れて椅子を勧めてくれた。

話してみると、なぜか話が合う。

うちでもフランス鴨を飼っています、と、持参した写真を見せると、久米島赤鶏も、もともとはフランス産で、レッドブローという種類だという。

パーマカルチャー、教育、子育て、と話は尽きない。

奥様は、教育に関係したお仕事で、三年間だけという約束で島に滞在している間に、山城さんと知り合ったのだとか。

運命的な出会いだったのだ。

本当にお似合いの御夫婦である。

奥様は利発な感じでかわいらしく、物静かで、観音様のような面ざし。

心のキレイな人は、心のキタナイ人と仲良くはならない。心のキレイな人は、心のキレイな人と結びついて、地上に楽園を築くのだ。


「私、神奈川の出身なんです。」

と、奥様。

「えっ、偶然ですね、神奈川のどちら?」

「横須賀です。」

「隣だわ。」

「祖母は、逗子に住んでいます。」

「逗子の、どちらに……。」


少し怖くなってきたが、聞かずにはいられない。

「沼間です。」

「私も、沼間なのよ。」

「祖母は、アーデンヒルに。」

「犬の散歩でよく行きます。近いので。」


こんなことがあるのだろうか。

久米島と沼間が、ピンポイントで結ばれるなんて。アーデンヒルにお住まいの、おばあ様のお名前までは、怖くて聞けない。

顔見知りかもしれない。

まさか、と思ったが、疑問が浮かんだ。

「山城さんも、沼間にいらしたことがあるんですか?」

「四月に行きました。」

おそらく結婚の報告をするためだろう。

奥様は、笑いをこらえている。

外に出て、鳥舎を見学。

近づくと鳥たちが寄ってきた。


久米島赤鶏の羽の色は、赤茶色で、足が長い。島の、ミネラル分の多い山の湧き水を与え、泡盛のもろみ粕やウコンや月桃、マンゴーなども飼料に加えて、八十日から百日かけて育てる。

逗子に戻ってから、冷凍便で届いた赤鶏を、カレー、ポトフ、煮しめ、しょうが焼き、丸焼にしてみて、また驚くことになるのだが、身の締まった、香ばしい、濃い味で、プルプルの煮こごりが沢山できる。これまで食べてきた鳥肉が、薄く水っぽく頼りなく感じられるほど。


広い庭の一角で、お母様が畑を耕している。

草むらでは、やぎが草をはんでいる。

どっちを向いても、その先は海。

「泳ぎたくなりませんか？」

お母様に尋ねると、

「泳げないの。」

私の驚いた顔を見て、

「久米島には泳げない人が多いんです。」

と山城さん。

「塩水なんか、もう何十年も入っていない。畑仕事が大好きで。」

と、お母様が笑っている。


ぐるり、海に囲まれて、それも、飛び込めば青く染まりそうに鮮やかな海に恵まれて、涼しい目をした優しい人は、それを、塩水などと呼び、

「畑仕事は楽しいよ、桐ヶ谷さんは畑はしないの?」

「主人は畑が好きだったんですが、私は、お花をすこし育てるので精一杯。今度、畑にも挑戦してみます。」

「是非、畑をやってみて。」

と、勧めてくれるのだった。

上江洲家《うえずけ》

上江洲家は、久米島の旧家。

近くの海べりに立つ具志川城という城の主や、地頭代（琉球王国の行政区分である間切りの責任者）を代々務めた名家でもある。

一七〇〇年代に建てられた上江洲家の住宅に、今は、もうだれも住んではいない。だが、琉球石灰岩の石垣で囲まれた名建築と聞いていたので、一度見てみたかった。

山城さんの奥様が、私をホテルまで送ってくださることになり、

「どこか、見たい所はありますか？」

とおっしゃったので、すかさず、

「上江洲家」

と答える。

確か、すぐ近くだったような気がして、厚かましいとは思ったが、甘えてしまった。

「ここです。」

奥様は、たちまち優秀なガイドに変身。

上江洲家は、防風林の福木と石垣に囲まれた、威厳のあるたたずまいで、久米島きっての名家らしい美しさ。

地元で採れたという、琉球石灰岩の切石積みが素晴らしい。

「さんごの形が残っています。」

奥様が指さした石を見ると、くっきりと、キノコのカサの裏側のヒダヒダ模様みたいなへこみが、そのまきれいに刻印されていて、サンゴ石灰岩と呼ばれているそうだ。

見ると、庭にも、平たい石を敷き詰めた一角がある。隅に丸い石を置いたり、もっと小さい丸い石で一本の木を囲んだり、また、間仕切りは薄い石を腰ほどの高さまで積み上げて作られていたりと、石の使い方が見事。

島にあるものを、最大限に利用しながら、実用の美を追求している。


住居は、幾つかに分かれている。

前の家。

主屋。

神殿。

井戸。

家畜小屋。

何軒かの別荘を屋敷内に、目的別に分けて作ったような贅沢さ。

琉球建築の特徴である、赤い瓦屋根のてっぺんの所が、二重になっている。

二重にしたのは、その隙間から風が吹き抜けて、蒸し暑い空気がこもらないよう、風通しを良くするための工夫だろう。

何本もの丸い柱で支えているひさしは長く、太陽が、空のどの位置から照りつけても、日陰が、濃く、長く伸びて、家の中のどこかはいつでも涼しい。

主屋の中は広く、静まり返っていて、家具調度の類はほとんどない。

目を凝らすと、部屋の真中に小さな文机が置かれていて、真赤なハイビスカスが一輪、花びんに挿してあるのが見えた。

屋根の先端から雨水が滴り落ちる場所には、溝を掘る代わりに砂利が置かれ、水はねを防いでいる。

砂利は、五十センチ位の巾で、ぐるりと屋敷を囲むように敷き詰められ、結界のようだ。

裏に回ると、大きな素焼きの甕が、三つ、きちんと並べられていた。

「お水と、泡盛と、あと一つは何かしら。」

「お塩か、お味噌か、お醤油か。」

犬がいて、ブタがいて、牛がいて、ヤギがいて、大勢の来客があり、泡盛の杯が汲み交わされた昔日のにぎわい。

久米島紬の中には、上江洲家の女性しか着ることを許されない柄があったという。

元ロシア大使で、現在は作家として活躍中の佐藤優氏の母上も、上江洲家の出身だそうだ。

『沖縄・久米島から日本国家を読み解く』（小学館）は分厚い本だが、私には、母恋いの書のように思われてならなかった。

この本を、山城さんの奥様も御存知だった。

奥様は、若いのに博識である。


「よく、久米島に嫁ぐ決心をなさいましたね。私、逗子に嫁ぐのにも勇気がいったわ。」

「そうでしょうね。」

「でも、山城さんは、誠実な、立派な方ですものね。」

「はい。」

「ハンサムだし。」

笑っている。奥様のお名前は、確か、「ゆい」さん。

「ゆいさんて、ひらがなですか？」

「そうです。」


ユイマールの、ユイなのね。

近い将来には、ゆいさんも、久米島にとって、なくてはならない人になるのね。

「私、波平さんのお家の、真裏の、アパートに住んでたんです。結婚するまで。」

もてなされて

その夕刻、私は一張羅のワンピースに着換えて、ホテルの玄関で、幸地早苗さんを待っていた。

中学の卒業文集を引っ張り出して、波平初を確認してくれた方である。

車が来た。

私たちは初対面でも、すぐお互いがわかった。

幸地さんの御主人様と、御主人様のいとこの方とその奥様の合計四人で、四人とも幸地さん。


まず居酒屋。

久米島車海老の塩焼と天プラ。

海ぶどうの玉子焼。

久米島の海で獲れた魚の刺身。

ゴーヤーチャンプルー。

お寿司。

次から次へと運ばれてくる。

男性ふたりは、焼酎とビールをお代わりして、だんだん顔が赤くなる。

ボックス席で五人向かい合えば、たちまちうちとけて、話題も色々飛び交って、まるで夢をみているみたい。

お勘定を頼もうとすると、夜はこれから、と言われ、車に乗るようせきたてられる。


ライブハウスに到着。

いとこ同士のおふたりは、久米島町議会の議長さんと、元小学校の先生で、奥様たちはとても仲良し。議長さんのお嬢様は多産で、れっきとした教員なのに六人の子持ちだとか。

六人!!

六人の中には、踊りを習っている子も、三線を習っている子もいて、新人賞を受賞した才能の持ち主もいる。

「逗子開成の子が来たのよ、先月。」

突然、逗子市にある男子校の名前が出て、驚いていると、民泊と呼ばれるシステムで、ホテルではなく、普通の民家に、本土から来る生徒さんたちを泊めるのだとか。

六人のお孫さんたちの世話をして、その上民泊の子どもの世話をして、さらに本日は、こんな訳のわからないおばさんの接待をして、それなのに、ちっとも疲れた様子もなく、早苗さんはいきいきとしていて、かわいらしい。

「波平さんは、とにかく美人だったね。」

「お兄さんは、すごくいい声だったよ。」

「お兄さんのCDを聞いてみなさい。」

島でただ一軒のライブハウスは、いつのまにか満席になっていた。子どもも十人位いて、二、三歳の子も混じっている。

久米島小学校の校門の脇に、「勉強は将来の役に立つためになる」と大書した看板が立てかけてあったのを、昼間、通りすがりに見かけたが、なるほど、島の子どもは勉強なんかしないのかも。

でも。

勉強すれば、本当に幸せになれるのかな。

「あたしがあなたに惚れたのは、ちょうど十九の春でした。」

髪の長い若い美人歌手が、よく通る声で歌い始めた。観光客のために、広く知られた歌を歌ってくれるらしい。

「もとの十九にしておくれ」

十九に戻りたいとは思わない。

十九の春、大学に入って、田口恒夫先生を知り、翌年の春、お姉さんと知り合った。

十九まではずっと苦しかった。暗くて苦しい少女時代を、ようやくの思いで通り抜け、親元を離れ、親から解放されて、はじめて、人心地がついた。

この歌を耳にするたびに、十九の春が、人生の節目だったことを思い出す。


主人がいなくなっても幸せなのは、田口先生やお姉さんのような、個性的な人たちが、自分らしく自由に生きる姿を、私に見せてくれたから。


「踊りましょう。」

いとこ同士のおふたりに誘われて、踊ってみると、踊れるではないか。

「上手だなあ。」

いつまでも踊れそう。お客さんたち皆が輪になって、老若男女、うかれて踊って。この中の何人かは、お姉さんの知り合いだった人たちだもの。

「花は流れてどこどこ行くの。」

いきなり胸を衝かれる。

嘉納昌吉の「花」こそ名曲で、だれが歌っても真実の歌。

今度は、体の大きな男性歌手の番。きっと御夫婦に違いない。ライブハウスの経営者兼専属歌手かな。

うまい。

「人も流れてどこどこ行くの。」


私はどこへ行くのだろう。

三十五年、家族のために尽くしてきたけど、妻の役割も母の役割も終わってしまった。

巣立って行った子どもたちが、助けを求めてきた時には、もちろん喜んで手を貸そう。

でも、それは、その時のことで、それも滅多にないような気がした。


「花として花として咲かせてあげたい。」

不覚にも涙がにじむ。

この世に花があるならば、それはやっぱり愛ではないだろうか。

この歌に涙するのは、四人の幸地さんの、純粋な好意がうれしいからだもの。

十九の春から、四十年以上もの歳月が、流れ流れて、私は今、久米島に流れ着いた。

お姉さんも、田口先生も、主人も、もうこの世にはいない。久米島にもいなかった。

でも。

あの世にはいる。

この世には、顔も見たくない人がたくさんいるというのに、あの世の人には、会いたくても会えない。

会えはしないが、あの世の、あの三人が、私には、ありありと、感じられる。

これこそ、実在ではないだろうか。

そして私は、まだ生きていて、会ったばかりの幸地さんたちと、夜の更けるまで、話して、食べて、歌って、踊っている、この不思議。

「もう一軒」

小さなスナックに連れて行かれる。

白木造りの内装が素晴らしい。
いとこ同士はまたビール。七時からずっと飲み続けているのに、酔わないふたり。
「明日はダイビングなので。」
また会えるかどうか、わからない。
こんなにもてなされて、どうやって御礼をすればいいのかもわからない。
結局、私は、一円も払わなかった。

はての浜

ぐっすり眠って目を覚ますと、ダイビングツアーの集合時刻が迫っていた。

二〇一〇年、久米島のナンハナリ沖で、日本最大級のサンゴ大群集が発見され、世界自然保護基金（WWF）は、次のようなコメントを発表した。

「この広大な規模のサンゴの大群集は、久米島周辺の豊かなサンゴ礁生態系の一端を示す、大変興味深いものである。」

沖縄のサンゴも白化現象が進んだ所が多く、保全が急務と聞いているが、その一方、新しく発見される大群集がある。

沖縄ほどではないが、実は、逗子の海にもサンゴはある。

私は、ダイビングをはじめてまだ五年の初心者だが、十二メートルの海底で、はじめてサンゴを見た時は感激した。

小坪から十分ほど、江の島方向にボートで向かうと、稲村ガ崎まで三キロの海中に、「オオタカ根」がある。

「根」とは、海底から突き出している岩山のこと。そこに青や赤のサンゴが生えている。

ソフトコーラルなので、波に揺られてユラユラ動き、近づいてよく見ると、まるで、笑っているかのように、無数の小さな泡をふるわせてさんざめき、おいでおいでと手招きする。

魚影も濃く、一年を通して、色鮮やかな魚の群れや、ウミウシを見ることができる。


一方の「はての浜」は、久米島の東側に浮かぶ、砂浜だけでできた、細長い島。

全長七キロにわたって、折れたり沈んだりしながら、延々と、長々と、空の果てまで行けそうなくらいに伸びてゆく、真白の砂浜で、東洋一美しい無人島と讃えられている。


ホテルのダイビングショップ前に集合し、小型バスに乗って港まで行き、そこからボートに乗り、エメラルドグリーンの海を切り裂いて進むこと二十分。

「はての浜」に到着。

水は青く、海底の白い砂が透けて見える。


パラソルの下で寝そべって目を閉じると、聞こえるのは、波の音。

寄せて、返して。

寄せて、返して。

パラソルが風にはためく音。

寄せて、返して。

寄せて、返して。

もう、逗子には帰るまい。


「ダイビングする人は集合。」

起き上がり、ボートまでの灼けた砂の上で、小さな巻貝と宝貝を、いくつか拾う。


そして、天然の美ら海水族館に潜ったのだが、はての浜は、砂の上も天国なら、水の中も天国で、まさしく竜宮城。

魚たちに手足をつつかれながら、海の底まで潜って行って、底から上を見上げた時の、あの、水と光の饗宴!!

宿借り

私は、魚にはなれなかった。

人間に戻って、ホテルに戻り、我に返ると、にわかに日焼けが気になり出した。はての浜の紫外線量は、通常の七倍、と聞いていたからである。

さあたいへん。


UVカットクリーム、UVカットファンデーション、UVカット粉おしろい、UVカット機能つきパーカー、つば広帽子、サングラス、日傘——実に、七重ものフル装備だったが、もし焼けていれば長年の苦労が水の泡。

シャワーを浴びて、美白パックと美白水と美白クリーム。これを三回繰り返す。

ダメージはなかった。

いきなり疲れが出て、夕食は部屋でとることに決め、近くの店に買い物に行った。

島バナナは、ねっとりと甘い。

深い眠りの底で、魚になった夢をみていた。重いボンベを背負わなくても、青い海の底へ潜っていける。

百メートル、千メートル、どんどん深く、光の届かない水の底へ。

エラ呼吸は楽ちん。

口をパクパクするだけでプランクトンが入ってくる。味はしないけど、お腹はいっぱい。

もう金輪際、人間には戻るまい。


その時、かすかな音がした。

チリチリ、チリチリ。

どうやら、部屋の中で、何かが動いているらしい。チリチリチリチリ、チリチリチリ。

起き上がって、フロアランプの灯りをつけた。

その音はテーブルの上に置いた、ペットボトルの中から聞こえる。はての浜で拾ってきた、貝殻の中から。


カーテンを開けた。

外はまだ夜。星がまたたいている。


ペットボトルをつまみ上げて、目の前にかざして見ると、巻き貝が一つ、もぞもぞ動いた。

タオルを取って来て、テーブルの上に敷き、そこに、そっと、ペットボトルの中身を、振り出した。

白い巻き貝の口から、ニュ、と、手と足がいっぺんに出た。

貝殻を指で挟んで持ち上げると、ヤドカリはあわてふためき、離せ、離せ、と言わんばかりに暴れるのである。

手にも足にもびっしりと毛が生え、目玉が飛び出した、小さいながら怪獣のような奴。
なぜそんなに暴れるの。
ここをどこだと思ってるの。
はての浜から連れて来られたことも知らずに、ずっと眠り込んでいたのね。
お転婆だなあ、命知らずで。
私みたい。

外の紫色が薄くなった。
夜明けが近づいている。
私は顔を洗って着換え、ヤドカリを掌に載せたまま外へ出た。
ヤドカリは、手も足も頭も引っ込めたままおとなしくしている。
東シナ海は凪いでいた。
朝日が顔を出し、海は、一瞬にしてバラ色に染まった。
私は、一晩を一緒に過ごしたヤドカリを、思いっきり遠くに放り投げた。

とぽん。

さよなら、元気でね、命知らずのお転婆さん。

そういえば、お姉さんも、命知らずのお転婆だった。

第三章　風待ちの島

那覇の夜

久米島からフェリーに乗って、渡名喜島へ寄り、お昼前には那覇の泊港に到着。

船酔いしたので、夕方まで部屋で休むことにする。

今夜、二名のお客様をお迎えするのだ。


波平初の義理の姉である波平エミ子さんは、八重山古典民謡箏曲保存会の師範で会長さん。

そして、もうひとりは、玉城千枝さん。

玉城流てだの会の家元で、浦添市文化協会の会長さんで、憲広さんともエミ子さんとも芸を通して結ばれた同志。

一昨日、私に、これ以上はないというほどの御馳走をしてくれた幸地早苗さんの、踊りのお師匠さんでもあった。

初めて会うおふたりから、できるだけたくさんのお話を聞くために、私はベッドに横になったまま、準備ノートを作った。

ホテルの一階にある、和食と琉球料理のレストランに、おふたりは、時刻きっかりに現われた。

おふたりとも、私より少し年上で、大変おしゃれないでたちだった。

芸事に打ち込んできた方は、表情も、身のこなしも、引き締まって、美しい。

目の前にいる人が、あのお姉さんの、身内の方だと思ったら、胸がいっぱいになった。

幸い、おふたりは優しく、話上手で、三時間半にわたって、初の一生を語ってくださった。

生い立ち

一九四三年、昭和十八年、六月二十一日、父・憲晋、母・カマドの長女として、波平初は生まれた。

兄・憲広と、弟・照にはさまれた、三人きょうだいの真中の、唯一の女の子。

波平家は、もとは前田という士族だったが、家の者が舟を出すと波が静まったことから、波平を名乗るようになったと伝えられている。

弟の照は、幼い時分、心臓弁膜症を発症して、十歳位で短い生涯を閉じた。学校の成績は非常に優秀で、家族全員が照の将来に期待を寄せていただけに、皆の落胆は一通りではなかった。

父・憲晋は、古典民謡の師匠、母・カマドは専業主婦で、生活は楽ではなかった。

一九七九年、エミ子さんが、結婚が決まって初めて波平家を訪れた時は、あまりにも粗末な家だったので驚いたという。

真四角の、一間だけの家に、真四角の、小さなテーブルが一個あったきり。

「貧乏で、貧乏で。」

「弟が心臓弁膜症で治療が大変で。」

これは私が初から直接聞いた言葉である。

だが、波平の人々はあまり欲がなく、お金お金と言わなかった。

エミ子さんは、波平家に歓迎され、姑であるカマドにも大事にされた。

カマドは、自分は姑で苦労したから、エミ子さんには苦労をかけない、と言い、決していじめたりしなかったという。

エミ子さんは、実家の御両親から、

「五人きょうだいの中で、あんたが一番幸せつかんだね。」

と言われたそうだから、本物だろう。


一九四九年、久米島小学校入学。

一九五五年、久米島中学校入学。


初の学歴はこれで終しまい。

中学を出たのち、那覇の洋裁学校に入った。

兄・憲広も高校へは行っていない。良い成績で合格はしたものの、母親の、働いて家計を助けてほしいという願いを聞き入れて進学を断念、社会に出て、仕送りをする道を選ぶ。

その代わり、大変な読書家で、生涯を通じてよく本を読み、研究熱心で、向学心を持ち続けた。

このような経歴の持ち主の中から、真に秀れた、創造性豊かな、そして完成度の高い仕事を成し遂げる人物が現われるのは、歴史を見れば明らかである。

小学校に入る前から、塾に入れられ、偏差値に支配されることが当たり前だと思い込んでいる者に、向学心など芽ばえる訳がない。

能力を時給に換算し、生涯賃金と年金の試算に余念のない生活を送るよりほかに選択肢がないのだから、創造性が湧き出る幕がない。


そもそも、教育の目的が、横並びと出し抜きである。

実際は、塾なんか行く必要はない。

その日の、その試験さえ上出来ならば、どこの大学だって入れてくれる。

それなのに、遊んで暮らせたはずの、仲間とけんかしたり仲直りしたりしながら世渡りのイロハを身につけられたはずの、人の情けの尊さを赤の他人のおとなたちから学べたはずの、八歳から一八歳までの十年を、机の上の勉強だけで過ごしてしまう。


エミ子さんから頂戴した、『工工四　久米島の民謡と波平憲広創作集』の序文には、次のように記されている。

「八重山民謡に触発され、ふるさと久米島の民謡の現況を憂い、島の民謡の調査研究と島に題材を求めての民謡の創作、これ総て島の芸能文化の興隆を願っての行動でありました。」
「いつの世にも新しいものは、社会淘汰という厳しい審査の洗礼を受ける。この厳しい審査に残ったものだけが、普遍性と永遠性を孕み、やがて文化となり大事にされ社会に役立っていく、いつの世にも変わることのない方程式と思われる。」
「私の創作のいくつが文化の域まで達するか知る術はないのだが、十数曲の中の一つでよい、島ん人に大切にされ社会に役立ったとしたら、喜びこれに過ぎるものはなく、さらに百年後・詠み人知らずで残っていったとしたら……。」

精魂込めた仕事を振り返って、それが、どのくらい人々に認められるか、心配ながらも、明日へ希望をつないでいる。

一つでもよい、詠み人知らずでもよいから、百年後にも残っていってほしい、というのは、まさに、無私の精神であり、志である。

憲広は足が不自由だったが、生まれつきのものではなく、若い時の事故によるもので、それも、港で働いていた時、貨物を載せたトロッコが海に落ちるのを防ぐため、とっさに自分の足を出したためだった。

また、住まいは、結婚後、沖縄本島の宜野湾市に構えていたので、久米島の人々の間に受け継がれている歌を聞き集めるため、エミ子さんに支えられながら、数十回、島に通ったそうだ。

当てがあってのことではない。

そこに何があるか、皆目わからない、民間伝承の歌を、訪ねて回り、少しずつ、少しずつ、拾い上げていったのである。

すべて自腹を切って。

前書きのすぐあとに、まるまる一ページを使って、色紙に、墨で、「一絃入魂」と書かれている。

いちげんにゅうこん。

声や音にも表情があるから、心を込めて、丁寧に演奏しよう、という意味だそうだ。

美声で知られた氏が、ラジオに出演して歌ったのを、患者さんの歯を治療中だった歯医者さんがたまたま耳にして、その場で弟子入りを決めた、という逸話が残っている。

「一九五八年頃。久米島の宇江城岳で、米軍キャンプの建設の作業員として働いていた。その年の三月から四月真っ盛りだった。

三〇〇ｍの山の頂きから南へ連なる山のスロープをイタジーの木が、緑の衣をまとい谷を埋めつくし、春のそよ風に葉裏を立てて波打つ光景は、感動的な眺めだった。心に残っていたあの日の感動を呼び招き、春の歌として創作してみた。」

『春の歌』の解説の全文である。

「葉裏を立てて波打つ」素晴らしさに息を呑んだ。後にも先にも、これ以上の、春の草原を表現する言葉を見たことがない。

私は、家に戻ってから、エミ子さんにいただいた二枚組のＣＤを繰り返し聞き、久米島をしのぶよすがにしている。「いからし節」というお祝いの歌が大好き。

さて、初は、どうであったか。

初は、おそらくは、手に職をつけようとの思いから、洋裁学校に進み、そこで頭角を現した。二年間の課程を修了する時、洋裁学校の校長から、学校に残るように勧められる。優秀だから、いずれ講師に、という話だった。

初は、しかし、この誘いを断った。

東京へ

久米島で暮らしていた少女の頃、初には、将来を誓い合った人がいた。

仮に、その人をMさんとしよう。

初恋である。

当時、初は、いくつくらいだったのだろう、おそらく、十七か、十八。Mさんは、十八か十九。もちろん島ん人であろう。ふたりは、初が二十歳になったら結婚しようと約束し、双方の親に打ち明ける。

Mさんの両親は猛反対。

波平家が貧しいから、というのが、その理由だった。

若いふたりは、泣く泣く別れる。

初が、久米島を出て、沖縄本島へ渡ったのは、そのすぐあとのことと思われる。

那覇には、出会いが待ち受けていた。

人懐こく、だれからも好かれるたちだったが、はたち前後の久米島から出てきたばかりの美女を、おとなの男たちは別の目で見ただろう。

医療器具の販売で手広く商売をしていたKさんは、初よりもかなりの年長で、東京の荒川区に妻を残し、たびたび那覇に出張してきて、初を見初めた。

妻との間は冷めていたが、それでも妻帯者には違いない。

生真面目で、曲がったことが大嫌いな初なのに、妻帯者であることをKがはじめのうち伏せていたのか、惚れた弱味か、承知の上か。


恋に倫も不倫もない、と言ってしまえばそれまでで、初はKに夢中になる。まもなく、上京を決意。

初の両親は、上京するなら勘当だ、と言い渡した。勘当されても良い、と初は開き直る。恋しい人のそばに行きたい一心だったのだろう、と私は想像するのだが……。


上京したのは、一九六四年か六五年。

沖縄が本土復帰を果たすまでには、まだ七年ほど待たなければならなかった時代。

東京の片隅に、小さな部屋を借り、初は、まず、事務員として働き始めた。

時折訪れてくるKの背後には、妻がいる。

ささやかな幸せとささやかな給料。

初が、いつホステスになったのかはわからない。水商売に飛び込むのには、一大決心が必要だったと思われる。


その頃、銀座界隈では、美人喫茶と呼ばれる飲食店が流行していた。

キレイドコロばかり集めて、ウエイトレスとして働かせ、高級感を演出して売り上げアップを狙った訳だが、それは、隣接するネオン街の、ホステスをスカウトする男たちにとっても、便利だった。

つまり、引き抜きである。目をつけた女の子にバンス（前金）をちらつかせ、もっと稼げるよ、と勧誘するのだ。女の子の方も、美人喫茶に勤めるくらいだから、容姿に自信はある。コーヒーを運ぶか、水割りを一緒に飲むか、それだけの違いで、収入はケタ違い。

田舎から夢を抱いて上京したものの、軍資金がなくてどうにもならない美人や、養なわなければならない家族を何人もかかえている美人をハントするのは難しいことではない。

それに、ホステスといっても銀座の一流クラブ。

仕事と割り切ることができれば、商売としては悪くない。

初が、事務員をやめて美人喫茶で働き始め、そこでスカウトされてホステスに転身した、というのは私の推測である。

ただ、その間に、Ｋさんとの別れがあったことは、間違いないと思う。

ピンクのスーツ

一九七九年、憲広とエミ子さんの結婚式で、エミ子さんは、はじめて初と面会。

この時の初のいでたちは、おかっぱの髪にピンクのスーツ。

エミ子さんは、初の東京での暮らしぶりをまったく知らず、初があまりに綺麗なので、びっくりしたという。

初は、その頃には巣鴨に住んでいた。

巣鴨に越してきたのは、地下鉄一本で銀座に通えるからだ、と聞いた覚えがある。しかし、巣鴨から銀座に通った期間は短く、じきにホステスを廃業。Kさんと別れたあと、長い間決まった人はいなかったが、やがてSさんと恋仲になった。私も一緒に炬達にあたった男である。

中小企業の社長、といった感じの、羽振りの良さそうな人だった。Sさんについて、これ以上のことはわからない。あるいは、彼は、初を囲うつもりだったのかもしれない、と思う。私の目には、Sさんと一緒にいる初は、あまり幸せそうには見えなかった。

そんなある日、有楽町の喫茶店で、初はあのKさんと、偶然に再会する。

Kさんは、もともとあまりうまくいってなかった妻と離婚していた。子どもはいなかった。

よりが戻った。

もともと、Kさんを追いかけて上京したほどだから、初はKさんと、今度こそどうしても一緒になりたいと、密かに身辺を整理。

晴れて、結婚。

この結婚式の当日に撮影した写真を、エミ子さんが、わざわざ捜し出して来て、見せてくれた。

それを携帯で撮影した画像を元に描いたのが、本書の表紙。

結婚式の衣装は、花嫁らしい、うすいピンクの着物だったが、表紙では、久米島ブラックを着せてみた。

エミ子さんによると、Kさんは裕福で、夫婦は仲睦じく、ふたりで久米島を訪れたこともあったという。

初にとって初めての、平穏な日々だった。

Kさんが急死するまでは。

初の絶望を、私は想像したくない。

久米島に戻るよう、強く勧めたのは、憲広だった。父の憲晋はすでに他界していたが、母親のカマドは健在で、初の帰りを待ちわびていた。

憲広とエミ子さんの間に、待望の第一子が誕生したので、大喜びのカマドは、しょっ中手伝いに通っていた。

そのうちに、通うのも大変だから、いっそ、しばらく身を寄せて、と、カマドが住み込むようになり、そこに、初まで転がり込んで、赤ちゃんを中心とした、一家五人の、にぎやかな生活が始まった。

初は、ここで念願だった子育てを経験するのである。

風待ちの島

宜野湾市の憲広とエミ子さんの家に、カマドと初が居候したのは、印木（ウツキ）ちゃんが小学校に上がるまでの四～五年である。

エミ子さんは、仕事をしていたので、育児も家事も、カマドと初の担当だった。

初がズケズケものを言うので、エミ子さんは、カチンとくることもあったと思うが、

「気持ちはわかっていたから。」

「いい妹でした。」

と、仲良く暮らしたのだから、エミ子さんも偉いと思う。

「料理が上手だったの。一匹の魚を色んなふうに料理して、何を作らせても上手でした。」

「印木って変わった名前でしょ、主人がつけたの。初は印木を本当にかわいがって、よく面倒をみてくれました。」

エミ子さんはそう言って、印木ちゃんの、三歳のお祝いの記念写真を取り出した。カマドを除く四人が、赤い着物を着た印木ちゃんを中心にして収まっている。印木ちゃんは、まんまるな目をしていて、どうやら父親似らしい。子どもはかわいいものだけれど、二歳から三歳くらいの頃のかわいさは、また格別で、初のかわいがりようが目に浮かぶ。

印木ちゃんが学齢に達し、育児が一段階する頃、みんなでお金を出し合って、久米島の家を建て替えることにした。

初は、東京でKさんと暮らした家を処分してきたので、久米島の家を終の棲家と考えて、コンクリート造りの立派な家を建て、

「これは印木の家だからね。」

と言いきかせた。

持てる愛情のありったけを注いで育てた姪に、自分の財産も譲ったところが初らしい。アパート仕様にしたので、人に貸すこともできるし、いつか機会があったら、またみんなで一緒に住もうね、とうれしそうだった。

一九八七年、初は、久米島に戻る。

あんなに色んなことがあったというのに、初は、まだ四十四歳だった。

それから、五十三で他界するまで、あと、およそ十年。


Kさんを追いかけて東京へ行き、そのKさんに死なれて東京を離れることになった訳だが、そのまま直接久米島に戻るのではなく、その前に四年、宜野湾市で過ごした意味は大きい。

「もらい子するの。」

と言うほど子ども好きの初にとって、それは素晴らしい休暇であった。

尊敬する兄の一人娘のかわいい盛りを見届けて、どんなに楽しかったか。

ここで、一気に充電できたことだろう。


「久米島は、本島から近いでしょ、昔は本島からまず久米島まで舟で来て、風が吹くまで島で待って、そうして季節風が吹き始めたら舟をこぎ出したの。季節風にのって、中国へ渡ったんです。だからね、久米島は、風待ちの島なの。」

玉城千枝さんの解説も、歌のようだ。

「玉城先生も、久米島の御出身ですか？」

「いいえ、私は、本島なの。憲広先生ともエミ子さんとも、芸を通して知り合いました。芸を通しての結びつきはね、とっても強いの。私は、今でも、憲広先生のお名前が残るように、願いながら、振り付けをしたり、踊ったりしているんですよ。」

「振り付けも、なさるのですか？　踊るだけではなくて？」

「はい、先生の代表作の阿良岳節の振り付けも、私が致しました。久米島町から頼まれて。」


阿良岳節は、歌碑に刻まれていた歌。

エミ子さんが、

「沖縄の人は、プロじゃなくても、芸能の仕事をしていない人でも、みんな、ある程度は知っているし、できるの。みんな自腹で、沖縄の伝統芸能を守っているの。身を削ってお金を使って、惜しみなくやってるのが、すごいのよ。」

「やっぱり、島の風を感じて、波の音を聞いて育つからかもしれないわね。」

玉城千枝さんは、久米島の波平家の空き部屋を、時々、エミ子さんから借り受けて、ゆっくり、滞在して静養しているそうだ。

「久米島は豊かな島でしょう？　大きい海を前にして、魚やいいもずくがたくさん獲れて、畑も風をさえぎって、木があるから、木の実や薪ができて、みんなその恩恵に預かって。だから、もうけようもうけようじゃないの。沖縄の心を捉えるもの、それが大事。」

私は、高名な琉球舞踊の家元の、本質を見た思いで、居ずまいを正した。

憲広さんの、ライフワークにかけた情熱と苦労を間近で見て、彼のために、エミ子さんのために、同じ志を抱く者として、舞踊家としての立場から、今夜は私などにまで、わかりやすく教えて下さる。

「久米島で、別に、何をする訳でもないんですよ。でもね、やっぱり、島に行くと、風の感じ方が違う。波の音の、聞こえ方が違う。振り付けがうまくいかなくて、あそこはどうしたらいいかしら、なんて、行き詰まっている時でも、島に行って、波を見ているとね、ふっとアイデアが浮かぶの。」

芸術家だ、と私は感嘆した。とんでもない素晴らしい方の、創作の秘密を直かに教えていただいている。

おふたりの、芸にかける情熱と、憲広や初に対する深い愛情が、伝わってきた。

「私も初に会って変わったの。」

と、別れ際にエミ子さんが言った。

風待ちの島、という言葉が、魅力的で、印象的で、心の中に鳴り響いていた。

風待ちの島で、風を待っているには、初は美人すぎたのだ。

第四章　人生からの贈り物

大田昌秀元沖縄県知事

二〇一七年六月十二日、元沖縄県知事で、基地問題の解決に尽力し、その後、参議院議員として活躍した、大田昌秀氏が天に召された。九十二歳。久米島生まれ。

久米島は大物を輩出すると言われる通り、元知事は、普天間基地の返還合意を引き出して、平和の礎を建設し、ノーベル平和賞の候補にノミネートされたこともある。

沖縄から戻り、「女ともだち」とタイトルを決めてお姉さんのことを書き出したものの、うまくいかずに書きあぐねていた私は、元知事の著作を片っ端から読み始めた。

『決定版写真記録沖縄戦』高文研

『沖縄のこころ——沖縄戦と私』岩波新書
『沖縄鉄血勤皇隊』高文研
『大田昌秀が説く沖縄戦の深層』高文研
昔、何気なく、
「沖縄の人は本土の人をどう思ってるの?」
とお姉さんに尋ねた時、
「やっぱり、わだかまりはあるよね。」
と答えた理由がわかってきた。

大田昌秀氏は十六歳の時、鉄血勤皇隊に入って戦い、九死に一生を得たものの、多くの学友を失って、平和のために生涯を捧げようと決意。

「鉄血勤皇隊」も「ひめゆり学徒隊」も、何の法的根拠もなく、十代の少年少女を地上戦に巻き込むなどあってはならないことで、そもそも、なぜ沖縄だけが、沖縄の民間人だけが、地上戦を戦わなければならなかったのか。

戦後、早稲田大学を卒業後、米国シラキュース大学大学院でジャーナリズムを学び、琉球大学社会学部で教鞭を取っていた元知事の著作は、およそ八十冊にのぼり、私は夢中になって読んでいった。

「久米島では、沖縄戦の渦中でも最も陰惨で沖縄のソンミ事件と称される住民殺害事件が発生しています。同島の日本軍海軍通信隊が地元住民にスパイの汚名を着せ二〇人を虐殺した他、ほぼ同数近くの守備軍兵士をも殺りくした事件です。」(『大田昌秀が説く沖縄戦の深層』高文研)

一九四五年六月二十三日、沖縄戦終結。

しかし、沖縄守備軍の牛島満司令官と長勇参謀長が、摩文仁で自決し、(二十二日とも二十三日とも言われている)現地日本軍の組織的抵抗が終了した日付にすぎない。

六月二十六日、米軍は久米島に上陸。

「米軍は、上陸に先立ち、沖縄本島、嘉手納の捕虜収容所にいた同島出身の仲村渠明勇さん(二十五歳)に宣撫員として同行を求めた。仲村渠《なかんだかり》さんは、郷里の人びとを救うことができるならば、と危険を感じながらも同意した。米軍が上陸にさいし、軍艦三隻で艦砲射撃をしようとしたのを、かれは、久米島が無防備だということを告げて止めさせた。そして郷里の住民たちに、沖縄本島も占領されてしまったから、無益な抵抗をやめ山を降りて自分の家へ帰るように説いた。

これが、友軍兵士からスパイ活動をしたとしてねらわれ、日本が降伏してから三日目の八月十八日、仲村渠さんは、久米島仲里村の銭田という部落で、妊娠中の妻シゲさん（二六歳）、および長男の明広ちゃん（二歳）もろとも惨殺された。しかも、鹿山隊長以下の友軍兵士は、一家の死体を家ごと焼き払った。」（岩波新書『沖縄のこころ――沖縄戦と私』大田昌秀、二一五～二一六頁）

二歳の明広ちゃんは、一九四三年生まれであろう。波平初と、同い年ではないか。

まだ続きがある。

「二日後、具志川村字上江洲に住んでいた朝鮮人の谷川昇さん一家も、スパイ容疑を受けて日本刀で斬殺された。妻のみち子さんをはじめ、長男（十二歳）、次男（六歳）、長女（八歳）、二女（三歳）のほか乳のみ児まで犠牲になった。」

さらに、

「昭和四七年四月四日付の一地元新聞は、ほかにも同様の殺害事件があったことを報じている。六月二十九日、具志川村字北原の小橋川区長と警防団長の糸数盛保さんは、住民が米軍に拉致されたことを鹿山隊長らへ通報する義務を怠ったとして、米軍に連行されたことでスパイ容疑を受けた宮城栄明さんの家族三人や比喜亀さんの家族四人とともに針金でくくられ、宮城さんの家に集められて銃剣で刺殺されたうえ、家屋もろともに焼かれた。こうして久米島における戦争犠牲者四〇人のうち、兵士をふくめ二九人までが友軍の守備軍兵士によるものであったという。」

戦後二十年以上が経過した、一九七二年五月十五日、沖縄が日本に復帰する、そのおよそ一ヶ月前の四月四日の朝、鹿山元隊長はＪＮＮ系テレビのニュース・ショーに出演し、

「指揮官として当然のことをしたまでで、謝罪する気はない。」

と、殺害された人の遺族や関係者の前で言い放った。

戦争とは、人間とは、良心とは何なのか、私は、大田昌秀元知事の著作や沖縄に関する書物を通して考え、私にできることを見つけると決心している。

言わぬが銀座の掟

二〇一七年の夏、私は、仕事で、横浜在住の個人タクシーの運転手、小島幸男さんと、何度も電話でやりとりを重ねていた。

小島さんの母親のサダさんは、もうじき百歳という時に他界したが、色の白い、綺麗な人で、あっさりとした人柄にひかれて私は親しくしていた。だから、晩年の二十年以上に及ぶ介護を、小島さんが仕事の合間を縫っては横浜からかけつけて担っていたのを知っている。

サダさんは、

「親孝行な息子だよ。」

といつもうれしそうだった。


電話で何度か話しているうちに、小島幸男さんは、昔話を語りだした。


「おれ、大学生の時、銀座でアルバイトして、あれで人生を踏み外したんだな。」

「何のアルバイトですか？」

「バーテン。」

「クラブの？」

「そうそう、もう、かれこれ、五十年以上も前になるなあ。」

「黒服のお兄さんだったんですね。」

「うん。銀座が、一番華やかな頃だったかもしれないなあ。沢山クラブがあってさ、女の子もいっぱいいてさ、おれ、結構モテたの。」

その時、ひらめくものがあった。


「銀座のどのあたり？」

「七丁目。」

「何てお店？」

「それは言っちゃいけないの。どこにいたかは、銀座では言わないことになってるの。」

「ビルの中のクラブですか？」

「そう、もちくビル、茂る竹って書いて、茂竹ビル。ビルに入ってるのは全部、クラブとかスナックなんだよ。」

「波平さんて人、いませんでしたか？」

「なみちゃんて子、いたな。」

「ええっ、本当？」

「でも、なみちゃんて呼ばれてたから、奈美とか奈美子ちゃんだと思ってたけどな。」

「どんな人？」

「日本人離れした顔だったよ、彫りの深い、目鼻立ちの整った、目の大きい。」

「沖縄の人？」

「知らないよ、話したことないし。大体、ホステスの身の上なんかわからないよ、ママが引き抜いてきてさ、バンス渡して。バンスってわかる？」

「前金。」

「よく知ってるなー。」

「山口洋子さんの小説で読んだの。」

「あー、姫のママか。」

「私、波平さんて人に、とってもとってもお世話になって、すごくすごく好きでね、今波平さんの本書いてるの。」

「ええっ、ずっと会ってないの？」

「三十五年も会ってないの。」

「写真ある？」

「一枚だけ。でもそれをコピーしたのがあります。」

「じゃ、それ、送ってよ。」

翌日。

「写真、届いたよ。まず、間違いないな。」

「……」

「たぶん、なみちゃんだな。」

「お店の中で、どんな風でした？」

「うーん、よく覚えてないし、言葉交わしたこともないんだよ。」

「カウンターの中から見てただけ？」

「そうだよ、でもさ、なんか、目のお化粧がきつかったな、そいで、酒が入ると荒くなった。」

「荒くなる？」

「どう言えばいいかなあ、荒れるってほどじゃないんだ、いい子みたいだったよ、ただ何だか、荒くなるんだ、酒飲むと。」

「あんまり、飲めなかったの。」

「ああ、だからかもしれないな、でも、おれも若かったから、女見る目なんかないし、よくわかんなかったよ。」

「おいくつくらいでしたの？」

「おれは、二十一か二。」

「波平さんは、二十二か三ね。」

「一つ上か、そうか、なつかしいなー、本当にいたよ、なみちゃんて子。」

「私は、お姉さんて呼んでたけど、銀座ではなみちゃん、で通ってたらしいわ、巣鴨にね、ブンさんて洋服屋さんがあってね、そのお店のママやお客さんも、お姉さんのこと、なみちゃん、て呼んでたから。」

「驚いたね、五十年も前だぜ。」

「私も驚きました。」


御礼を述べて、電話を切った。

二十二、三歳といえば、お姉さんが、Ｋさんを追って上京してから二年ほどたち、しかし結婚できるはずもなくて別れ、生活費も足りなくなって、水商売に転じた頃。

夢やぶれて、失意のどん底だっただろう。

荒くなるのも無理はない。

モード・ブン

ひょっとしたら、今でも同じ場所で営業しているのでは。

ふと思いついて、私が一〇四に電話をかけてみると、

「東京巣鴨のブティック。モード・ブンの電話番号を申し上げます。」

と教えてくれるではないか。

ただちに電話する。

「モード・ブンです。」

聞き覚えのある声だった。

ブンさんも七十代後半で、御主人を亡くしたばかりで、気落ちした様子だったけれど、私を覚えていて、大層喜んでくれた。

「なみちゃんが連れてきてくれた、まりちゃんでしょ、懐かしいわあ、四十年ぶり位よ、お店、やめないで、続けてて良かったわ。」

私たちは会うことにした。

三十六年ぶりの巣鴨である。

大学に通うのに毎日利用していたのは、ひとつ手前の大塚駅なので、そこで降りてみる。

駅周辺はすっかり様変わりしていたが、それでも、公立の学校は昔と同じ場所にある。

折戸通りを、確か、この位歩いて、右に入ると、ろう学校は、ほら今でも同じ所にあった、ということは、左の路地のつき当たりが、私が六年間住んだ、小さな下宿。

あった、あれだ、建て替えたと聞いたけど、あの場所だ。

すぐ、地蔵通りに出る。

ほとんど建て替えられていたが、化粧品屋さんもそのまま、郵便局も同じ所にある、乾物屋さんもマルジもある、昔々私がお姉さんに見立ててもらって半額で靴を買った靴屋もあった。

巣鴨駅の改札前に、ブンさんが現われた。

お互いに、手を取り合って喜び、近くのレストランに入る。


「なみちゃん、いくつで亡くなったの。」

「五十三。」

「そんなに早く。」

「四十四くらいで沖縄に帰ったみたい。」

「そう、帰ったのね、帰って良かった、だって、巣鴨にいる時は、あまり幸せそうじゃなかったもの。」

「私にはわからなかったの。」

「家庭的な人だったもの、お料理なんか得意で、よくお店の中で、他のお客さんたちに作り方を教えていたのよ。」

「へぇ、普通の主婦の人たちに？」

「そう、だって、なみちゃん、ホステスなんかしてたけど、固い人だったでしょ、普通の主婦と全然変わらない。真面目で、気さくで。長い間、決まった人もいなかったんだから。」

「いいかげんな所がなかったよね。」

「そう、固い人。純な人。」


純な人、というのがぴったりだ、と思った。


「とにかく、すごい美人で、目立って、ハリウッドの女優みたいだったわ。銀座に行く前に、お店に顔出してくれたのよ、綺麗にお化粧して、うちの服着てね、もう、全身、そりゃあ綺麗で、これから行ってくるねー、って見せに寄ってくれたのよ。よく笑う、騒やかな人だった、みんな、なみちゃんが好きだったわ。でも、あのSさんにいじめられてかわいそうだったわ。」

「いじめられたの？」

「知らないの？　時々殴られて、目の下、青くしてたでしょ。」

「ちっとも知らなかった、私には、自分を本当に大事に思ってくれる人か見極めなさいって。」

「自分が、そんな目にあってたから。」


ショックだった。私には、まったくそんな所を見せなかった。それでは、追われるのを恐れて、巣鴨に何の痕跡も残さずに逃げたのかもしれない。だから、あれだけ探しても、だれも行方を知らなかったのかもしれない。


「でも、Kさんと再会して結婚したのよ。」

「よくSさんと別れられたわね。」

「あっというまに、引越したの。私、引越しを手伝ったの。」

「同じ頃、私も結婚して引越したのよ。だからお店に出られない時期があって、その時になみちゃんと連絡がとれなくなっちゃって。」

「荒川区にいたみたい。」

「荒川区ってことは聞いたことがある。」

「でも、何年かたって、御主人が亡くなって、沖縄に帰ったの。」

那覇で、エミ子さんから見せていただいたお姉さんの写真を、私の携帯で写したものを披露した。

「あっ、うちの服。」

「お姉さんは若い時、洋裁学校に行ってて、優秀で、卒業するとき、このまま残らないかって、先生に言われたんだって。」

「だから、生地なんか、詳しかったのね。」

「おしゃれだったよね。」

「あの頃はおしゃれの日、っていうのがあって、毎月必ずその日には、新しい洋服を着るって決まってたのよ。銀座の一番、華やかな頃だったんじゃないかしら。それに、なみちゃんは、一流クラブの売れっこだったし。」

「沖縄に帰ってから、姪に当たる女の子の面倒をみたんだって、お兄さんの一人娘の。」

「子ども好きだったわね。」

「子ども好き。」

「人と争う、って発想がなかったわね。」

「義理のお姉様も良い方で、色々話してくれたの。お姉様のお仲間の踊りの先生にもお会いできたの。」

「良かったわ、あなたから、なみちゃんのことを聞けて、うれしいわ、私もずっと気になっていたの。」

「忘れられない人なのよね。」

「あなたのこと、まりまりってかわいがってたわね。」

初恋同志

もっと知りたい。

二〇一七年十月、私は再び沖縄へ向かった。

今度は、まず、平和祈念公園に行って、沖縄戦最後の激戦地である摩文仁の丘、それから平和の礎を見学。

ひめゆりの塔、ひめゆり平和祈念資料館、喜屋武岬、旧海軍司令壕。ひとりで、南部戦跡を巡るバスに乗った。

波平エミ子さんと、玉城千枝さんは、またこころよく私に会いに来てくださった。二度目だったせいか、かなり詳しくお話を伺うことができた。

お姉さんの体があまり丈夫にできていなかったことは先に書いたが、久米島に戻ってからは、胆石で苦しんでいたという。

ビー玉くらいの大きさの胆石が、時々痛む。

だが普段は元気で、月に一度、本島にある浦添総合病院まで、母親のカマドの薬をもらいに行く以外は、久米島で平穏な日々を送っていた。

島に戻った時、狭い島なので考えてみれば当然なのだが、初恋の相手と再会した。

Mさんである。

Mさんは、ずっと久米島にいたようだ。

両親から反対されて初恋は実らなかったが、その後、島の女性と結婚、ふたりの子どもに恵まれたものの妻は早くに亡くなり、それからずっと独身を通していた。

「再会して、またお付き合いが始まったみたい、友だちとして。」

エミ子さんは、そこを強調するのだった。

お互いに初々しい十代の頃、好き合ったふたりだった。初恋の、恥じらいと切なさのままで別れたのであれば、三十年ぶりに再会した時も、やっぱり、遠慮はあっただろう。

お互いに好き過ぎて、手も足も出なくて、それでも、いつまでも好きでいたいから、身動きがとれず、月日ばかり流れて、思い出だけが積み重なり、たまに顔を合わせると、目の前に恋しい人が本当にいるということが、どうしても信じられない——純愛。

だが、もしも、お互いに独身なのだから、と恋に身を焦がしたとしたら、それはそれで、これも素晴らしい経験ではないだろうか。

「そんな年であんなことしたいのかね。」

恋愛の話題が出た時、つい、私が喜ぶと、冷たく言い捨てた人もいた。彼女が、卑しい薄ら笑いを浮かべて、私を見下ろした時の、その蔑みの目を、私は忘れることができない。

突然、それより遡ること数年前の、夏の夜に見かけた光景を思い出した。

その人は、息子さんとふたり、人通りのない道を歩いていた。息子さんといっても五十過ぎ。おとなしそうなその息子さんの腕を、彼女はいきなりつかんで、腕を組もうとしたのである。息子さんが、嫌がって、振りほどこうとするのを、無理矢理押さえつけ、体をくっつけて、有無を言わさなかった。息子さんが観念して情けなさそうな泣きそうな顔をしながら、私の車のすぐ目の前を横断する姿が、ヘッドライトに照らし出された。

ねちくれた生き方はしたくない。

いくつになっても、好きな人ができたら、とろけるよりほかはない。

人を好きになるのではなく、好きな人ができるのだ。それは事件なのである。

逃げられはしない。当事者として、命をかけてとろけるよりほかに、手立てはない。どこまでとろけるかは、むこうの出方もあることだから、こっちの一存だけでは決められないが、人はその時、この世のものとは思えぬほどのきらめきを知る。

心の底から好きな人と、体の底まで結ばれる、これほどの幸せがあるだろうか。


Mさんとお姉さんの縁は深かった。

お姉さんが、母親の薬を取りに那覇行きの飛行機に乗った時、その飛行機にMさんも乗っていた。

そして、空の上で気分が悪くなり、お腹が痛み出して苦しむお姉さんを介抱し、一緒に那覇で降りて、浦添の病院に送り届け、そのままずっと付き添って、夜が明けるまで看病してくれたそうだ。

「どうして同じ飛行機に乗り合わせたんでしょうか？」

と尋ねると、エミ子さんの答えは、

「偶然だったの。」

その偶然は、人生からの贈りもの。

私は、お姉さんの口から、一度もMさんの名前を聞いたことがなかった。Sさんにも Kさんにも会ったが、Mさんのことは、存在さえ知らなかった。

お姉さんの胸の、一番奥に、大事にしまわれていた物語だったのだろう。

気高い人だった。

人のことを、ねたむどころか、悪く見ることさえしなかった。汚ない感情が自分を支配するのを許さない、というふうな、あたりを払うような凛々しさがあって、そこに私はいつも見とれていた。

Mさんも、同じように美しい人柄だった、と推察される。そうでなくては、四十年も、初恋同志ではいられないだろう。

本当に自分のことを大事に思ってくれる人に、少女の頃に出会って、そして、長い時間が経過して再び出会って、生涯の終わりのかけがえのない日々を、その人に支えられて過ごした。生《き》のままの初を一番よく知っているその人に。


実は、ふたりの間に、結婚しようか、という話が再燃したのだが、Mさんのお子さんたちが、亡くなった母親をとても大事に考えているのがわかったので、断念したらしい。

二度結婚しようと思って、二度諦めたふたり。

しかし、もう、十分おとなのふたりにとって、形式など必要なかったのかもしれない。

固く結ばれた心と心があれば。


初恋同志の最後の一夜は、そのまま入院することになった初の、にわか作りの病室で、ただ手を握り合って過ごしたのだろう。

長くて、貴い、夜だった。

アンマーと一緒

ここに手記がある。

波平憲広さんが書いたもので、エミ子さんからいただいた。エミ子さんの許可を得たので、全文を写す。

初は、病状が重かったのであろう。連絡もなしにすぐ入院したようだ。6日11時頃病院から入院していることの連絡をうける。エミ子に連絡を取り、12時40分頃に病院を訪ねる。容体はやっと話せる状態だ、言語もあまりはっきりしない。医者の話では危険な状態だとのこと、胆石の痛みも強いようだ、黄疸症状も出ているとのこと、これらの為、初にとって大事な血漿交換が出来ないうえ、白血球が通常5000在るところを、400しかなく抵抗力が極めて弱くいるようだ。

9月8日の午前11時頃、担当医から手術の相談を受ける。病状は危険な状態で進退極まった状態だ。色々話を聞いてみると、この儘でも死を迎えるさりとて手術をしても五分五分だと言う。

兄弟でも生死の二者択一を私が決めることではないので、本人の意思確認をすることにした。医師も意を決したのか、細かく病状を説明する。死の淵に立つものだから、初も意を決しかねているようだ。顔を見ていると最後の別れのような気がして悲しくて涙がこみ上げてどうしようもない。

私もこの場で、妹の死を覚悟せねばならない。手術とてただただ幸運を祈るしかない、印木も途中休校させ見舞いをさせる。

4時頃、初は意を決したようだ。

手術という最後の賭だ。

手術は3時間ほどかかった。

8時すぎ術後の説明を担当医から受ける。

9時ごろ集中治療室で、手術後の見舞いをして帰宅する。ひたすら幸運を祈るしかない。

9日午前10時過ぎ、見舞いに行く、昏睡状態だ。看護婦の話では、薬で強制的に眠らせてあるとのこと、担当医に来てもらい状況説明を聞く。昨日より状況は悪いとのこと、家も改造中で人の座る間もないほどにごったがえしているので、取り敢えず帰宅する。エミ子が来て家の片付けを手伝う。

12時過ぎ、担当医から電話があって、これから血漿交換やその他の処置をしたいがよろしいか、との電話である。

担当医の申し出を了解する。もう一度意識を回復し、言葉を交わしてほしいが、後は、初の運に総てを任すしかない。運があれば運があれば運があれば…………

悪い結論が出たとき、母のことが心配だ。

悲しみのあまり、飯食わなくなったらこれ又最悪だ。後追いでもされたらたまらない。この状況をどう伝えるか、母を早めに久米島から連れてきて、息のある姿を見せておかねば。

母親のカマドも高齢で、初の留守中は、島にある老人施設に預けなければならなかった。

ところが、初が帰って来ない。

胸騒ぎがしたのだろうか、カマドは、自分の荷物をまとめ、

「初が迎えに来ない、初が迎えに来ない。」

と騒ぎ出して、施設の玄関で倒れてしまった。

初は、手術後、まだ目を醒まさない。

憲広とエミ子さんは、初の病室に詰めていたのだが、そこに、カマドが久米島の病院に運ばれた、と連絡が入ったので、あわててふたりでそっちへ向かった。


久米島に到着し、カマドを見舞うと、容体はひどく悪化している。

そこへ、

「ハツキトク」

と電報が来た。


平成七年九月十一日、カマド死去。

平成七年九月十二日、初死去。

母と子は、一日ちがいで、この世をあとにしたのである。

お葬式は一緒だった。

カマドが亡くなったと聞きつけた島の人々が、波平家に弔問に訪れると、カマドの隣に初の遺体が横たわっていたので仰天する。

初がカマドを呼んだのか、カマドが初を呼んだのか、皆、不思議がり、しきりに首をひねった。

久米島では、父親のことを、ターリー、または、スー、と呼び、母親を、アヤー、とかアンマー、と呼ぶ。

初は、アンマー、と呼んでいた。

手術の後、この世とあの世の境で、アンマー、アンマー、と呼んだのだろうか。

憲広さんは、カマドの嘆きも、初の嘆きも見ないですんだが、自分の悲しみは二人分だった。それでも、だんだん落ち着いて、ふたり一緒でよかった、どっちが残っても、悲しむ姿は見ていられなかっただろうと、エミ子さんに語ったそうである。

久米島の人は人を中傷したりしない

久米島町から久米島音頭の振り付けを依頼された玉城千枝さんは、久米島に特有の、ゆったりとした感じを踊りで表現するため、工夫を重ね、

「久米島の民謡は、古典でもなく、民謡でもなく、八重山の歌とも違うの。ゆったりした、いやしの歌なのね、久米島は、本当に、不思議な島だと思います。」

何度訪れてもそう感じるそうだ。

「主人の仕事は、今では、広く知られ、定着して、主人の跡を引き継いで研究している人もいるの、時々、問い合わせの電話がかかってきます。主人は本当にがんばりましたから。」

エミ子さんがそう言えば、

「久米島の人は、がんばり屋で、純粋。」

玉城千枝さんも同感だと言う。


「それにね、久米島の人は、人を中傷したりしないんです。」

エミ子さんは久米島出身ではない。久米島の波平家に嫁いだ人だ。そのエミ子さんの言葉だから、胸にしみる。

そう言えばその前年、四人の幸地さんにもてなされた時に、私が、

「久米島の人は、裏表がありませんね。」

と感じたままを述べると、
久米島町議会議長の幸地猛さんが、

「いや人間だから裏表はある、あるけど、少しかもしれません。」

とおっしゃったのを思い出した。


幸地さんも、四人が四人とも、気持ちのいい人だった。

山城昌泉さんもお母様もそうだった。

人間の、出来が違う。


都会には、チクチク嫌味を言う人が多く、わざわざ意地の悪い目つきで、いちいち他人の上げ足を取るので、心優しい人々は、ビクビクしながら暮らしている。


お姉さんは、久米島に戻って幸せだった、と私は思う。

今でも、「女の幸せ」というのは、蝶よ花よとかわいがられて成長し、玉の輿に乗り、出来の良い子に恵まれ、あとは遊び歩いて暮らすことだ、という、社会通念のようなものがある。

そんな一生はない。

もし、あったとしても、そんな一生はばかみたい。

自分らしい人生を自分の力で切り開いて、自分の居場所をみつけて、いっしょうけんめい働いて、それによってまわりの人に喜んでもらわなくちゃ。

楽して得したい、と考える人は多いけど、自分だけ楽して得しようったって、そうはいかないよ。

生まれ落ちた所が、戦火の真只中、という人だっているのに、どうしてこの私だけ、ズルすることが認められようか。

世界中でたったひとりしかいない私ならば、その私にふさわしい苦労がついて回るのは当たり前。


波平初は、中学出で、ホステスあがりで、子どももいない、早死にをした女なのだろうか?

波平初は、私のお姉さんは、この世に人の女として生まれ来て、存分に生きるとはどういうことか、私に教えてくれた人。

自分を知り、持って生まれたものを磨き、能力のありったけを引き出して伸ばし、試したいことは全部試し、行きたい所にはことごとく行き、愛すべき人をトコトン愛し、出会った多くの人に優しさを振りまいて、向こうへ旅立った。

外見は、すごい美人だったが、中味は、さらに美しく、充実していた。

久米島の人は、今でも、初の死を惜しみ、エミ子さんに、

「初ちゃんが亡くなって何年たつかね。」

「初ちゃんに会いたいね。」

と話しかけるそうだ。

そういう女性が確かにいたということを、つたないながら、ここに記して、筆を置く。


お姉さんありがとう。

あなたは、私の母であり、姉であり、今でも最高の友だちです。

あとがき

波平初さんの本を書かなければ、と思い詰めて、沖縄へ飛び、巣鴨を歩き、資料を集め、考えては組み換え、書いては消すのを繰り返して、準備が整うまでは大変でしたが、いざ書き始めると、三ヶ月で書き上がりました。

毎朝、四百字詰原稿用紙に二枚ずつ書き進めていった、あの三ヶ月間の緊張は、私に、至福と了解をもたらしました。

書く喜びに酔いしれながら、同時に、人生の謎が解けたのです。

なぜ、今、ここに、こうしているのか。

それは、はたちの頃、どうしても、幸せな家庭を築きたいと願った、私の幼ない夢に、まるで道筋をつけるかのように、素晴らしい人があらわれて、次々と扉を開けるようにして、私を明るい方へ導いてくれたから。

幸せになりたくて料理ばかりしていた長い年月を、私は少しも悔やんでいません。
そして、その間ずっと、いつか書く、と思っていたような気がします。

でも、私ひとりの了解だけに終わるのではなくて、できるものなら、できるだけ多くの人に、とりわけ、淋しがり屋の女の人に、この本を読んでいただきたいと、心から願っています。

あなたが、素敵な女ともだちを見つけられますように。

尚、ここに書いたのは全部本当の話ですが、何しろ四十年近い昔のことなので、もしかしたら、思い違いや記憶違いがあるかもしれません。その点は、どうか、御了承くださいますよう、お願い致します。

お話を聞かせてくださった、波平エミ子さん、玉城千枝さん、山城昌泉さん、幸地早苗さんほか、久米島の皆様のおかげで、この本ができました。

心より、厚く、御礼申し上げます。

冬花社の本多順子氏に今回も大変お世話になりました。いつも頼りにしています。

ありがとうございました。

本書を、謹んで、波平初さんの御霊に捧げます。
二〇一八年、六月二十一日。
生きていれば波平初さんの七十五歳のお誕生日に。

桐ヶ谷まり（きりがや　まり）

一九五六年、山梨県生まれ。エッセイスト
お茶の水女子大学家政学部児童学科卒
同大学大学院家政学研究科児童学専攻修士課程修了
在学中、付属小学校の非常勤講師を一年間務める
一男二女を育てるかたわら、新聞、雑誌に書評やエッセイを寄稿
現在、逗子市在住。二〇一〇年より夫の跡を継いで不動産の経営・管理をしながら鴨二羽、犬一匹と暮らす
趣味は、園芸、油絵、ダイビング
著書に
『きらめく子どもに育てる十年の魔法』二〇〇二年、リヨン社刊
『生粋―マリリン・モンローあるいは虐待された少女の夢』二〇一六年、冬花社刊
『或る映画監督の回想』二〇一七年、冬花社刊

女ともだち

発行日　二〇一八年七月二十五日
著者　桐ヶ谷まり
発行者　本多順子
発行所　株式会社 冬花社
〒二四八－〇〇一三　鎌倉市材木座四－五－六
電話：〇四六七－二三－九九七三
FAX：〇四六七－二三－九九七四
http://www.toukasha.com
印刷・製本　精興社

ISBN978-4-908004-28-5